Marie-France
Terebole

Philippe Schuwer et Dan Grisewood

ont créé cette collection.

Florence et Pierre-Olivier Wessels ont écrit ce livre,

avec les conseils du docteur Jean-Baptiste Carlander.

Véronique Herbold a assumé la responsabilité éditoriale.

Gérard Finel, assisté de Martine Pfeiffer,

a dirigé les illustratrices

Denise Bazin, Danièle Schulthess, Michèle Trumel

et a réalisé la maquette.

Annie Botrel a assuré la fabrication

et Annick Valade la correction.

MA PREMIÈRE ENCYCLOPÉDIE

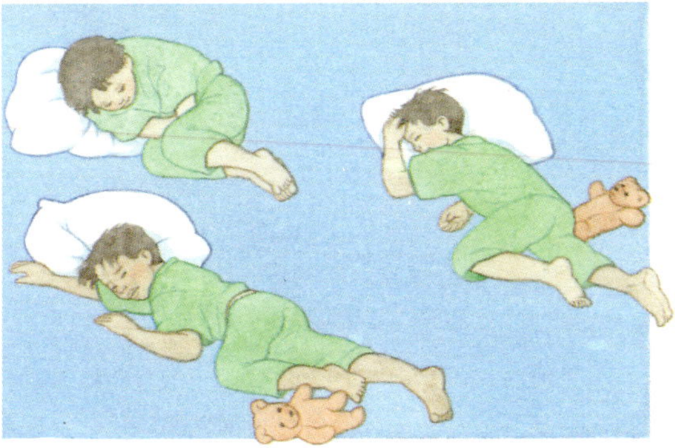

LAROUSSE - 17, RUE DU MONTPARNASSE - 75298 PARIS CEDEX 06

Distributeur exclusif au Canada : les Éditions françaises Inc.
ISSN en cours d'attribution.
ISBN 2-03-651803-6

Composé par SCP, Bordeaux.
Photogravé par Tecfa, Barcelone.
Imprimé par New Interlitho, Milan.
Dépôt légal : Septembre 1992.
N° éditeur : 17830.
Imprimé en Italie (Printed in Italy)
651803B février 1994.

Le corps

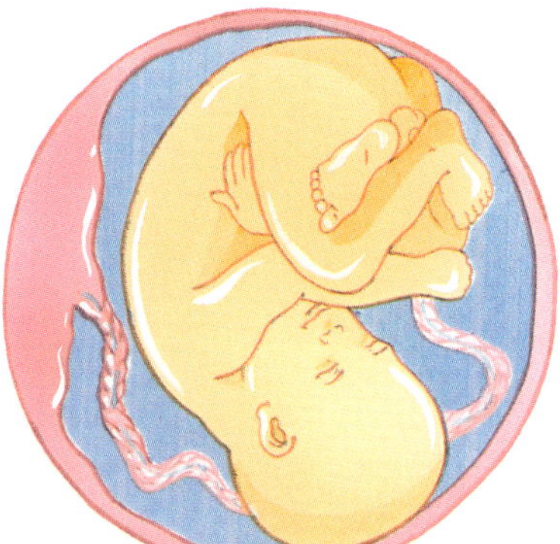

LAROUSSE

Entrons dans ce livre

UN CORPS À SOI

DE LA TÊTE AUX PIEDS

HISTOIRE

LES SENS

APPAREILS ET SYSTÈMES

EN FORME

Un corps

à soi

Un homme, un corps

Sur la Terre, nous sommes des milliards d'êtres humains. Nous avons tous un corps fabriqué sur le même modèle.

Ce corps nous distingue des animaux,
des plantes et des objets.
Il nous permet de tenir debout.
Les hommes se ressemblent ; cependant,
chacun est unique !

Différences

La taille, le poids, le sexe, la couleur de la peau, les cheveux sont différents suivant les personnes.

Bien d'autres détails encore, tels que
la forme du nez, du menton, des lèvres,
des oreilles, des yeux, la façon
de se tenir, de parler, de marcher...
nous distinguent les uns des autres.

Ressemblances

Les hommes ont toutes sortes de points communs et plus encore dans une même famille. Les enfants ressemblent à leurs parents.

Les frères jumeaux
ou les sœurs jumelles
sont presque pareils.
Il faut vraiment
les observer de près
pour trouver qui est qui.

Cet arbre généalogique
réunit trois générations
d'une famille.

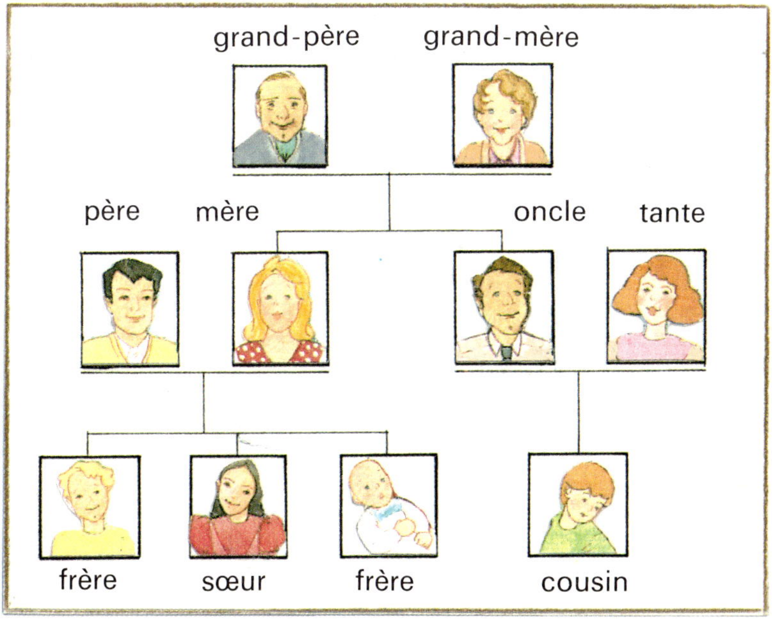

Un corps pour vivre

Ton corps fonctionne comme une machine perfectionnée qui sait rire, pleurer, parler, marcher, courir...

... mais aussi lire, réfléchir, aimer, jouer, travailler ou se reposer. Seul ou en groupe, l'être humain est toujours en activité.

Le corps va partout

Curieux, l'homme peut découvrir le monde.

Ses inventions le transportent loin.
Il explore l'espace, les fonds sous-marins.

Les hommes habitent presque toute la Terre.
Ils vivent dans la jungle, en ville,
dans les déserts de sable ou de glace.
Leur corps s'est adapté au climat
de chaque région.

À travers les siècles

L'histoire de l'homme commence il y a 3,5 millions d'années.

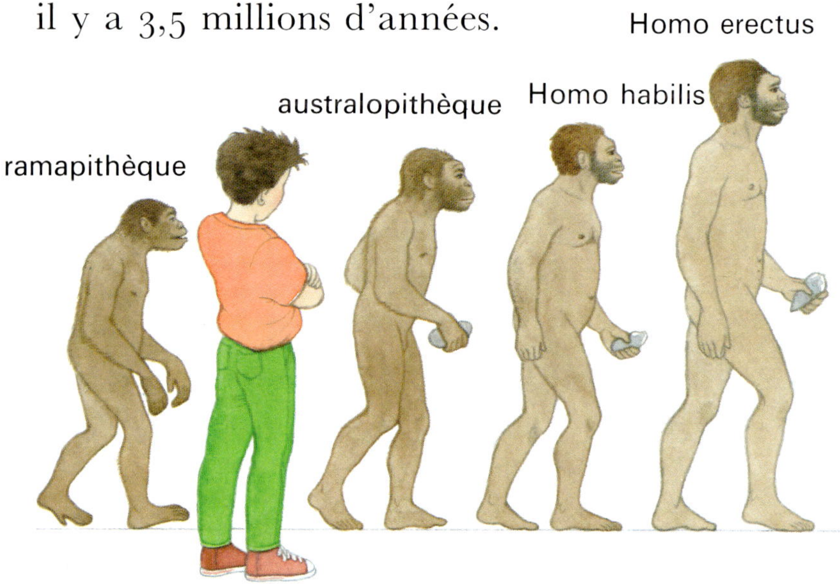

Entre ces premiers hommes et nous, le corps s'est modifié très lentement.
Les recherches des scientifiques et leurs découvertes aident à saisir l'évolution du corps humain.

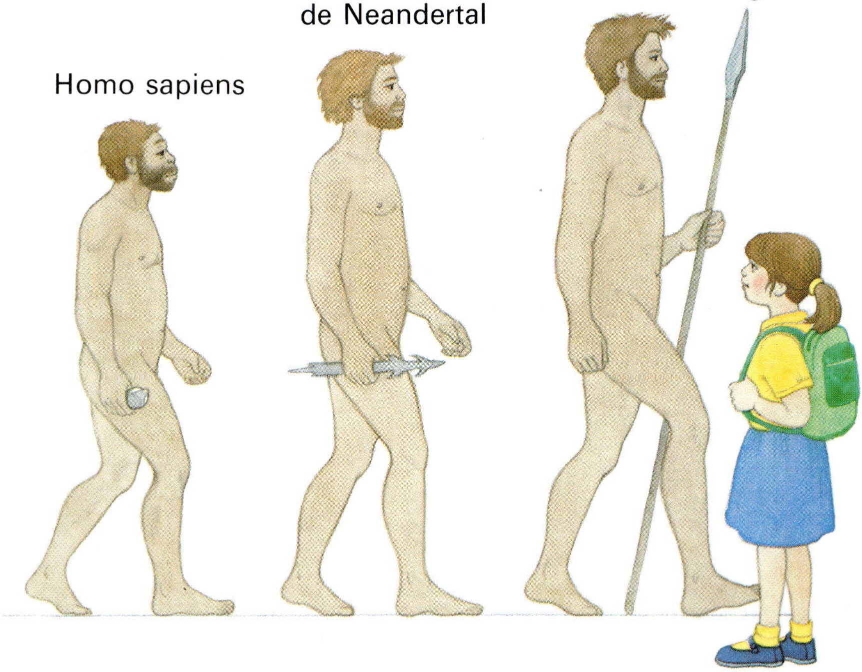

Aujourd'hui, un enfant de huit ans
a la taille d'un australopithèque adulte.

Il sait beaucoup plus de choses
et vit dans de bien meilleures conditions
que ces premiers hommes.
Il vit trois à quatre fois plus
longtemps qu'un jeune de la préhistoire !

Sais-tu que...

Notre corps est constitué de millions d'éléments minuscules et vivants : ce sont les cellules.

Comme le chat ou la baleine, l'homme est un mammifère. Le sein de la mère fabrique du lait pour nourrir son petit.

Un sosie est une personne qui ressemble parfaitement à une autre, sans être son jumeau ou sa jumelle.

La science qui étudie les ressemblances entre parents et enfants s'appelle la génétique.

De la tête

aux pieds

Tout nu

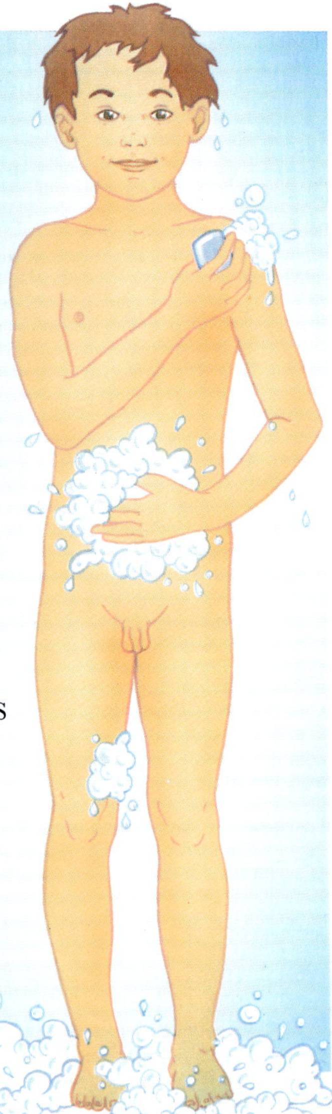

Chaque jour,
pour la toilette,
nous nous mettons
nus de la tête
aux pieds.

Nous sommes tous
faits d'une tête,
d'un tronc,
de deux membres
supérieurs,
les bras,
et de deux membres
inférieurs,
les jambes.

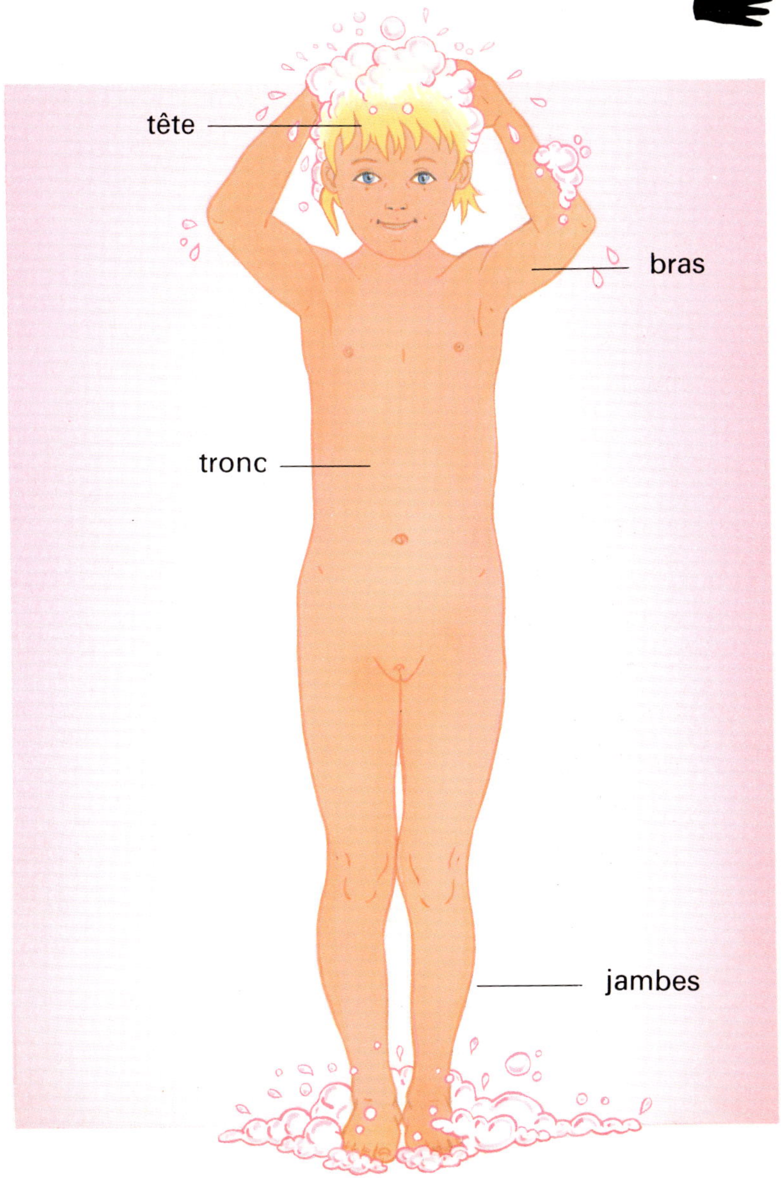
tête
bras
tronc
jambes

La peau, c'est...

La peau enveloppe tout le corps.

Elle le protège
des blessures
et des microbes.

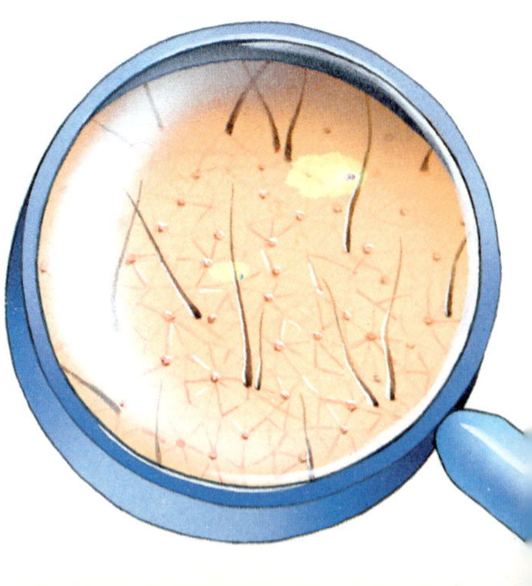

Très sensible
aux rayons du soleil,
elle peut brûler...
La crème la protège.

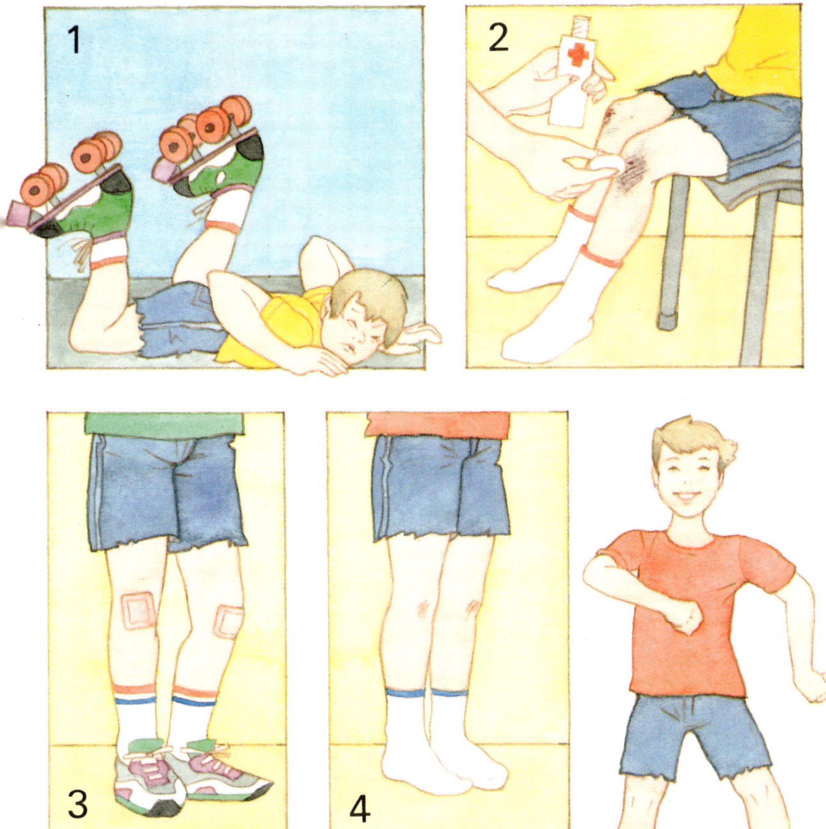

Lorsque la peau est égratignée,
elle saigne.
Il faut toujours désinfecter
la plaie. La croûte tombera d'elle-même
quelques jours plus tard, remplacée
par une peau rose toute neuve !

Signes sur la peau

Sur une peau claire, de petites taches brunes apparaissent parfois. Ces taches de rousseur protègent du soleil.

Les grains de beauté sont de petits défauts de la peau, à ne pas gratter.

Une émotion, un sentiment peuvent faire rougir ou pâlir le visage.

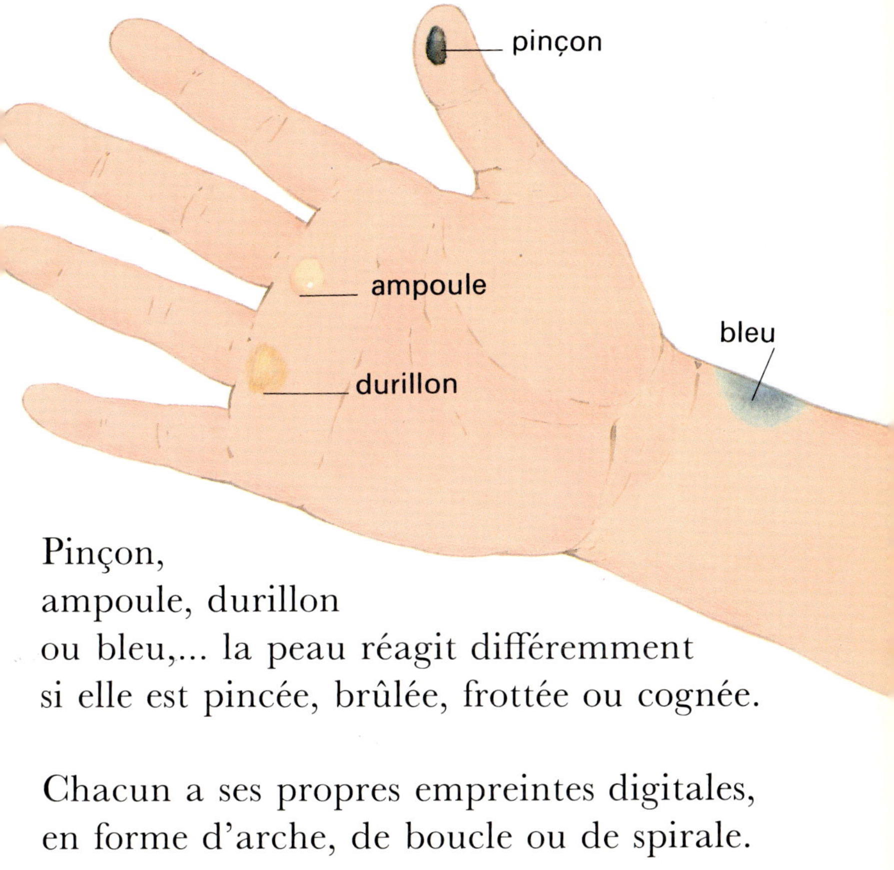

Pinçon,
ampoule, durillon
ou bleu,... la peau réagit différemment
si elle est pincée, brûlée, frottée ou cognée.

Chacun a ses propres empreintes digitales,
en forme d'arche, de boucle ou de spirale.

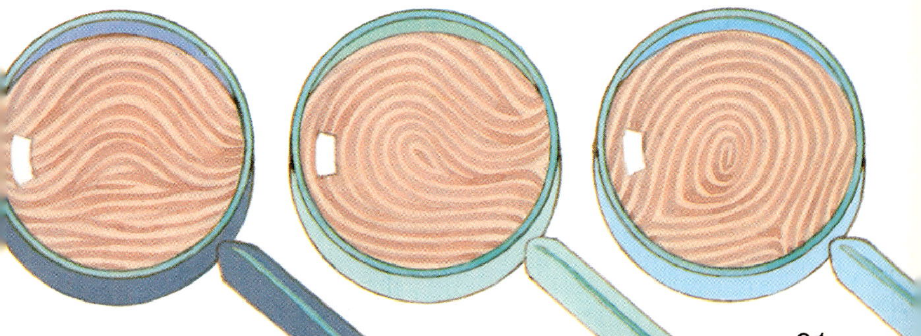

Poils et ongles

Des poils plus ou moins abondants couvrent notre corps.

Lorsque tu as froid ou peur, tes poils se hérissent. Tu as la chair de poule ! Un petit muscle redresse le poil dont seule une partie est visible ; l'autre, sous la peau, s'appelle la racine.

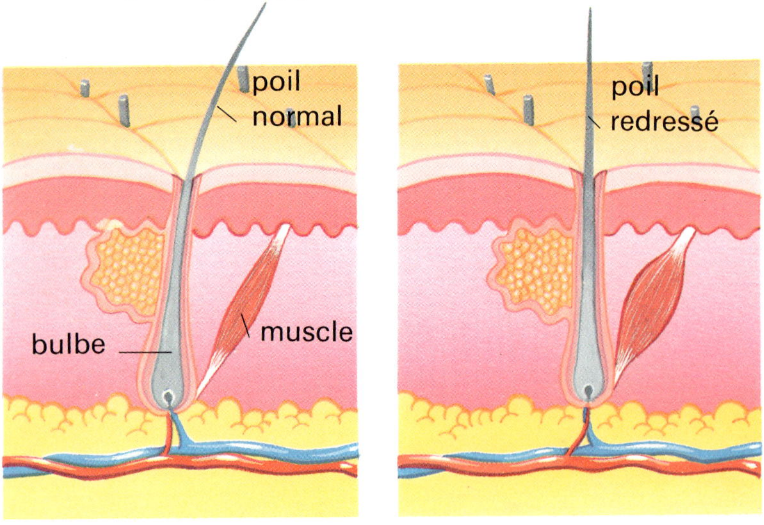

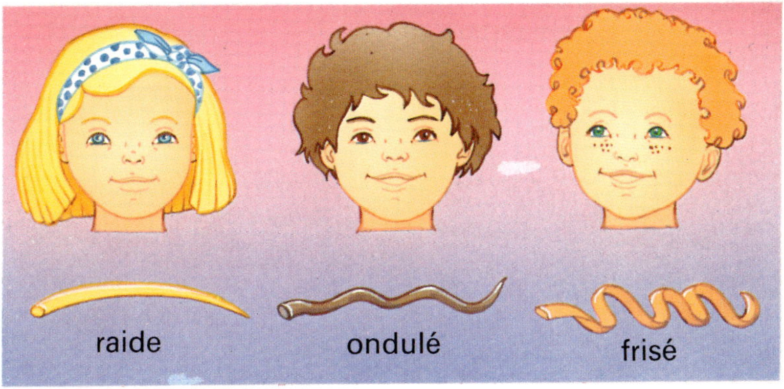

Suivant la forme du trou par lequel ils sortent, les cheveux poussent raides, ondulés ou frisés.
Les ongles protègent le bout de nos pieds et de nos mains. Ils sont en kératine, matière identique à celle des poils et des cheveux.

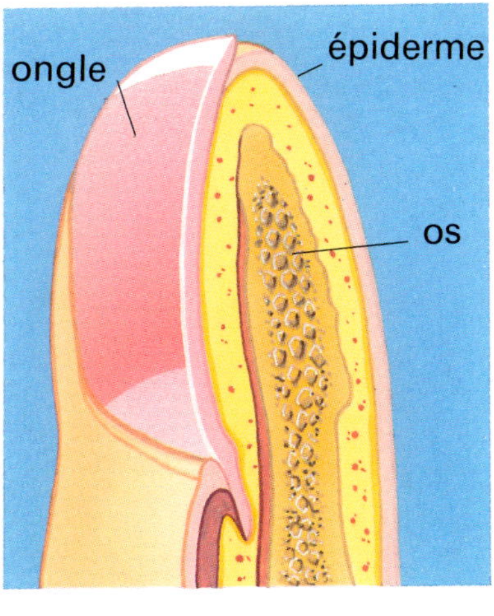

Les muscles

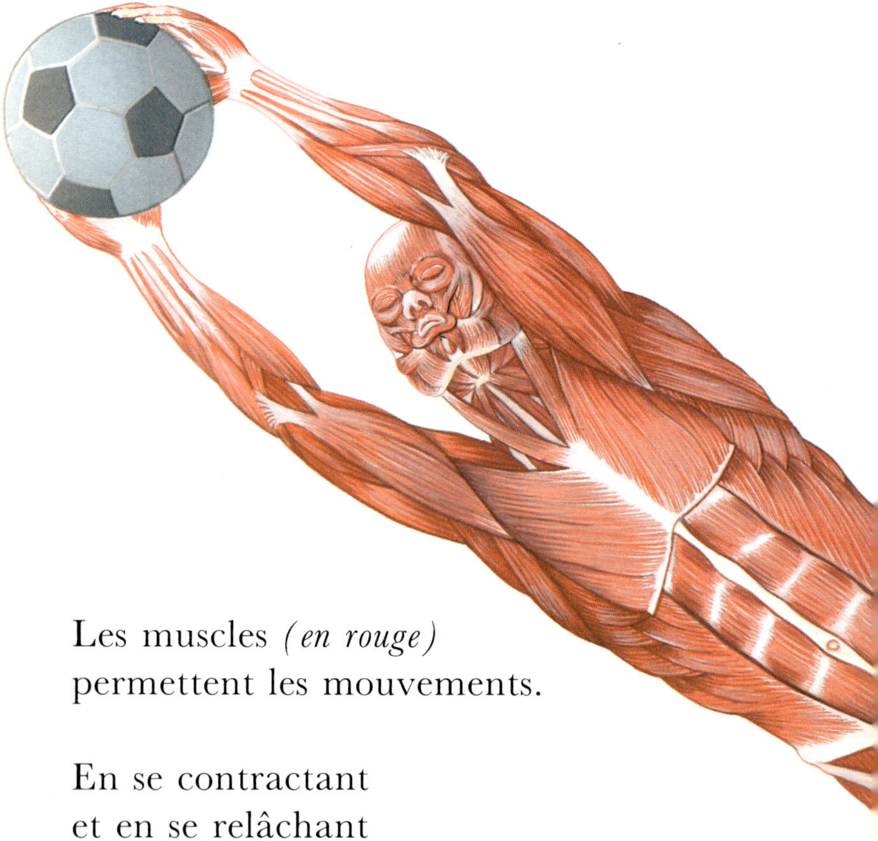

Les muscles *(en rouge)*
permettent les mouvements.

En se contractant
et en se relâchant
sous la peau,
ils font bouger nos os.

Notre corps a plus de 650 muscles,
de taille et de forme très différentes.

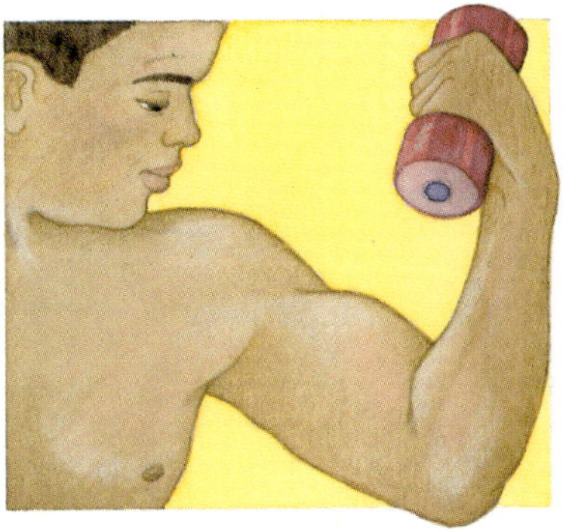

À force d’entraînement, les muscles des sportifs se développent beaucoup.

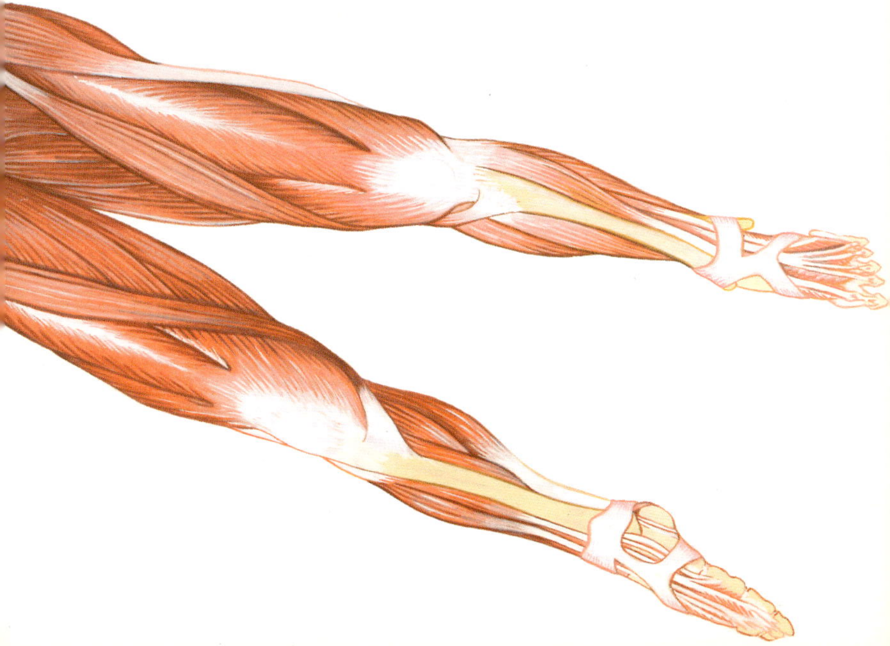

Le squelette

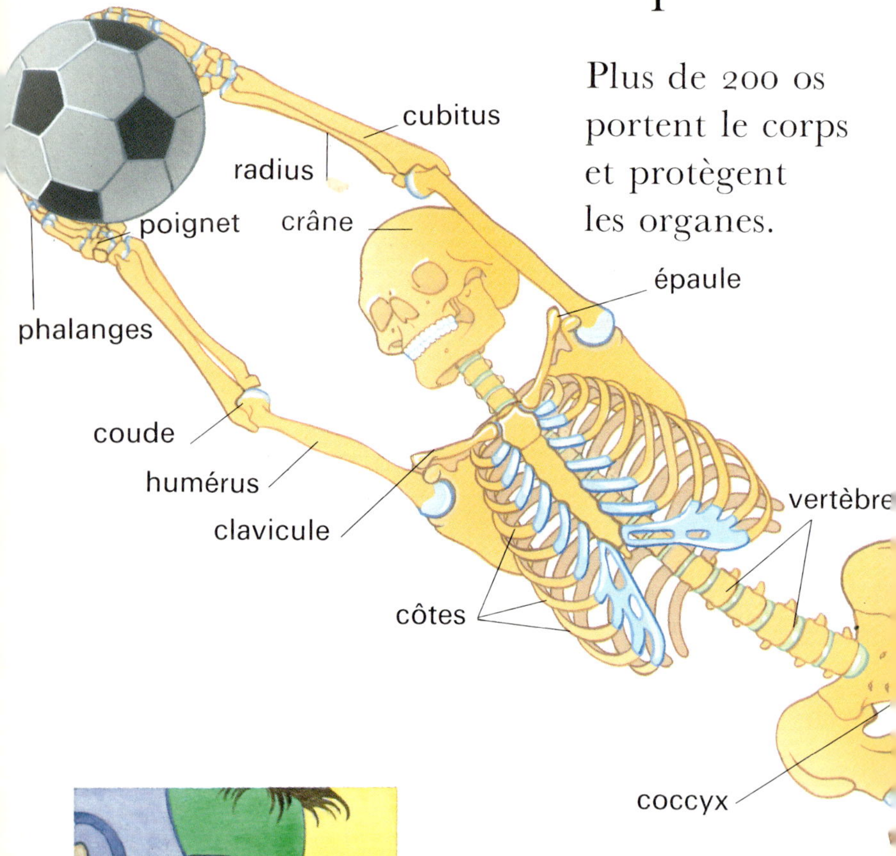

Plus de 200 os portent le corps et protègent les organes.

Attention, le nez n'est pas un os, mais un cartilage fragile, accroché à l'os.

Longs ou plats,
les os s'allongent
et grossissent
tant que l'on
grandit.
C'est la croissance
du squelette.

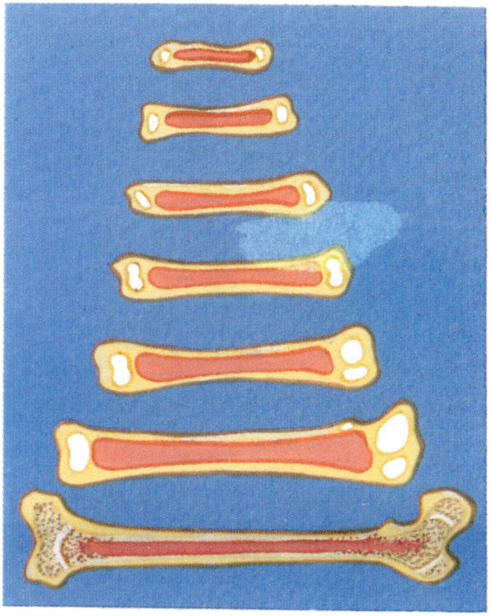

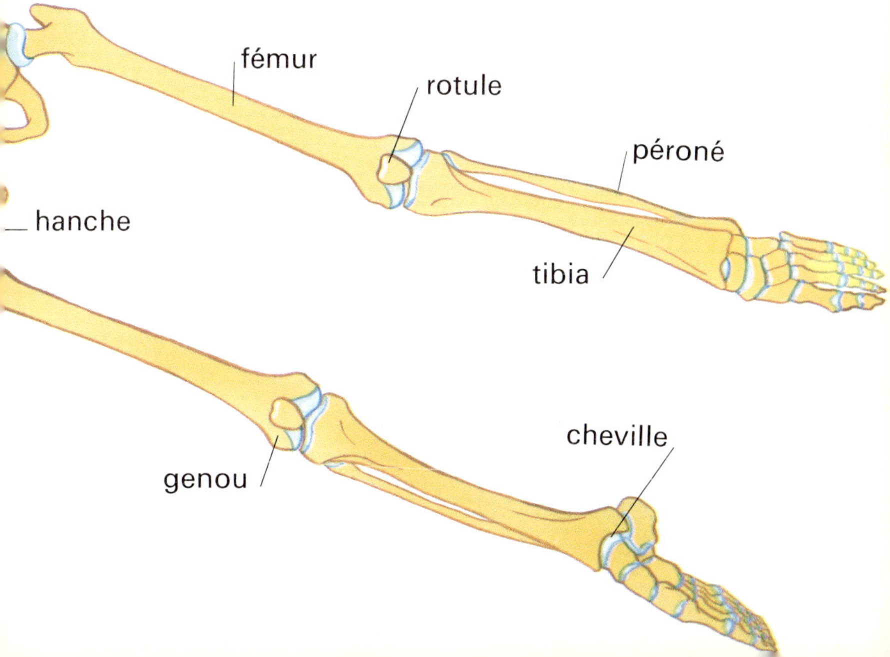

Os et articulations

Les os s'emboîtent ou glissent
l'un sur l'autre. Genoux, colonne vertébrale,
épaules, coudes... sont des articulations.

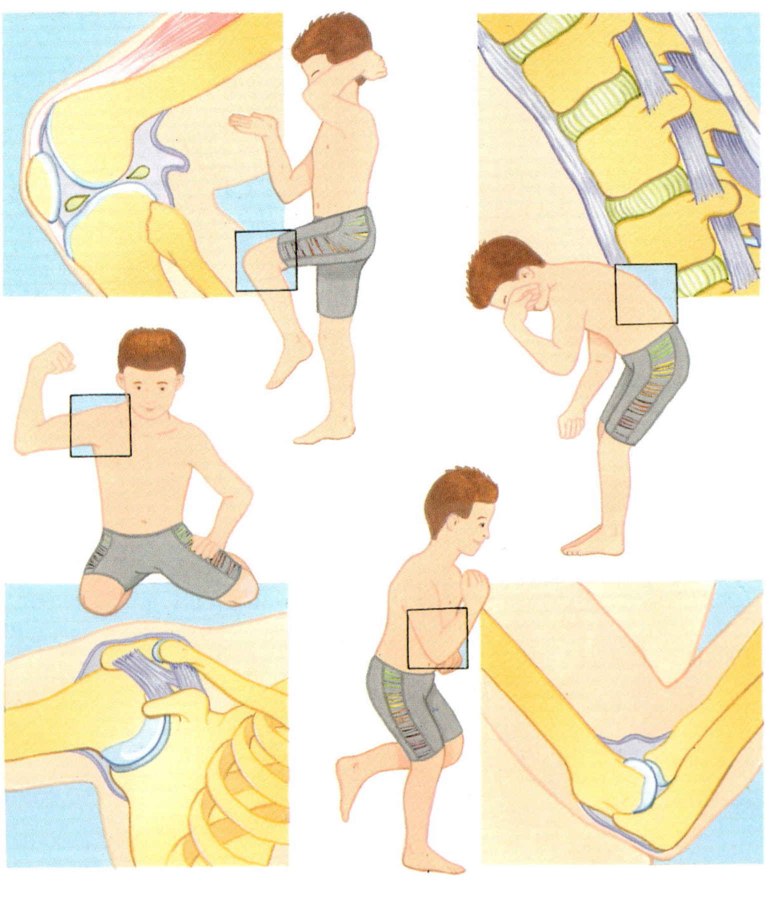

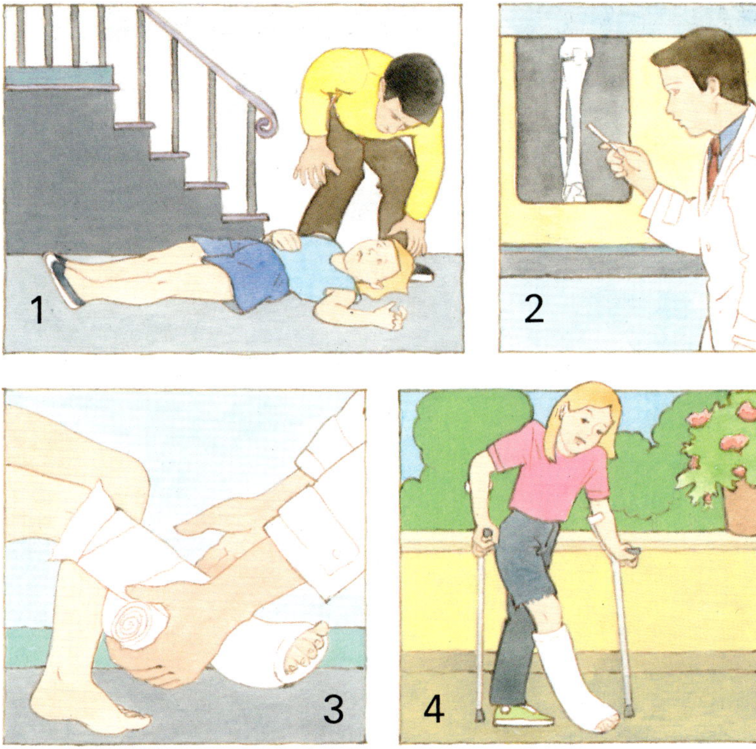

Lors d'une chute, un os, pourtant solide, peut se casser. Sur une radiographie, le médecin voit la cassure.
Il pose alors un plâtre pour immobiliser l'os malade jusqu'à ce qu'il soit ressoudé.

Le cerveau orchestre

Le cerveau commande les mouvements. Grâce à lui, on savoure nos victoires et on se souvient de nos débuts.

Le cervelet continue le geste, permet de garder l'équilibre et de marcher.

Tes autres organes

Quelques organes travaillent jour et nuit. Ils récupèrent l'énergie dont le corps a besoin et évacuent les déchets qui empoisonneraient l'organisme.

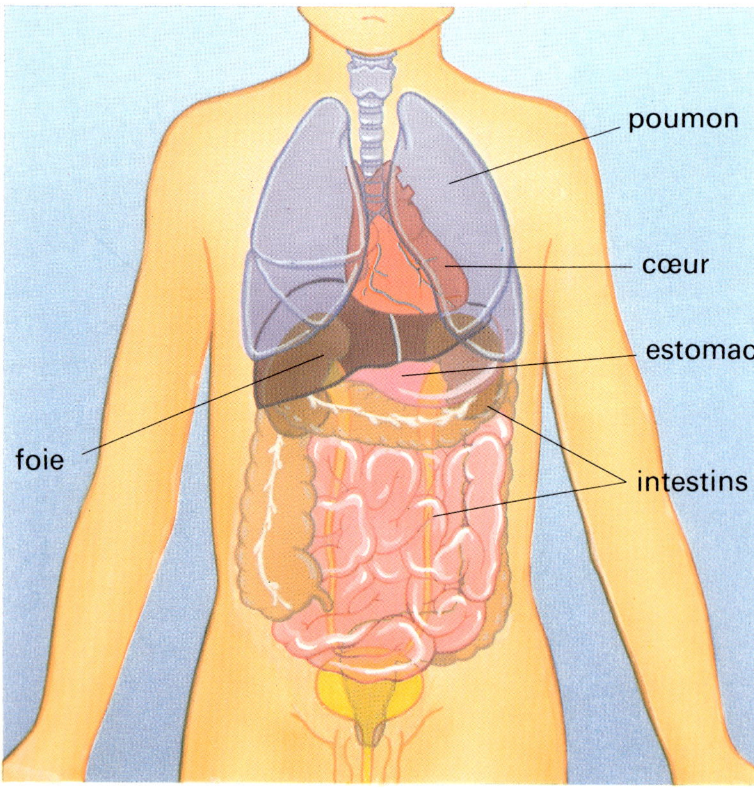

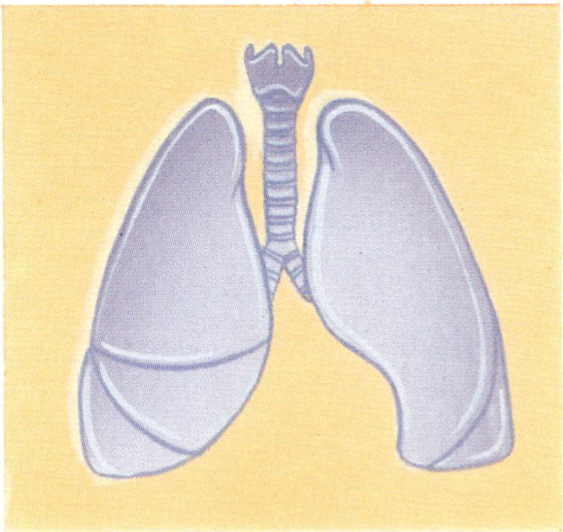

Dans les poumons, l'air oxygène et purifie le sang.

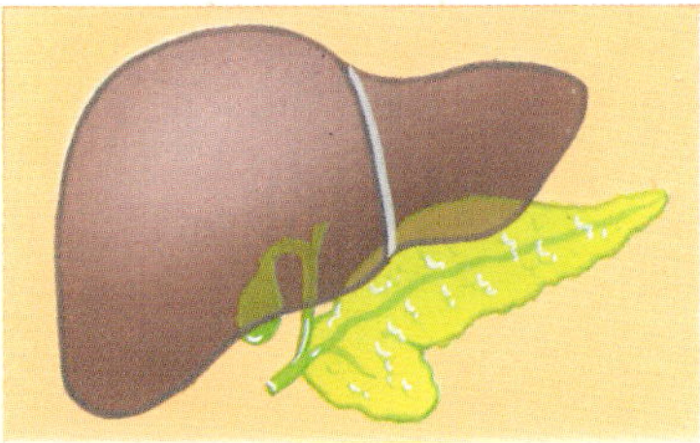

Le foie fabrique la bile, qui aide à digérer les aliments. Les intestins nourrissent

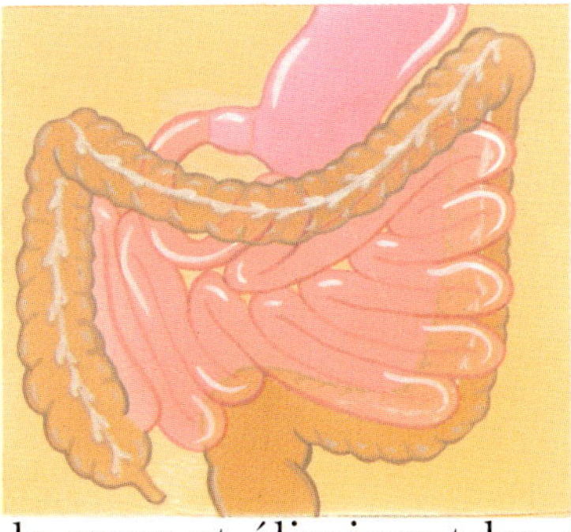

le sang et éliminent les déchets.

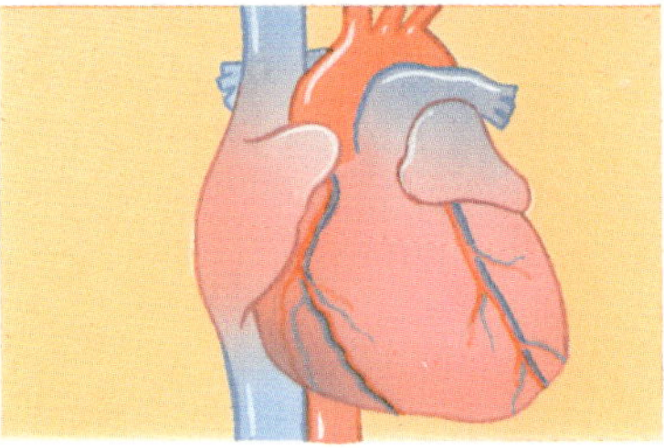

Le cœur est un muscle qui reçoit et renvoie le sang comme une pompe.

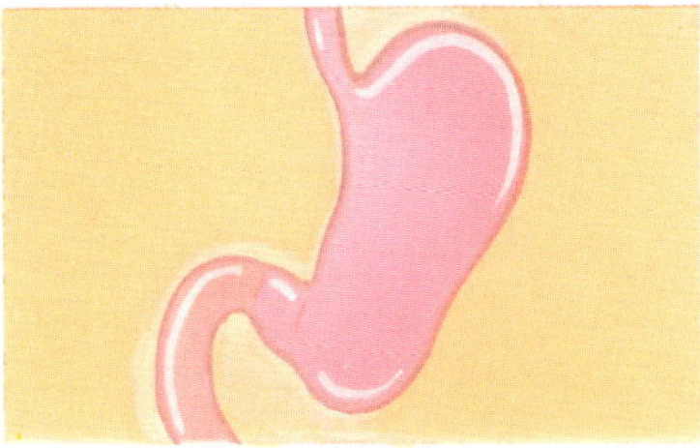

L'estomac mélange la nourriture pour en faire une bouillie.

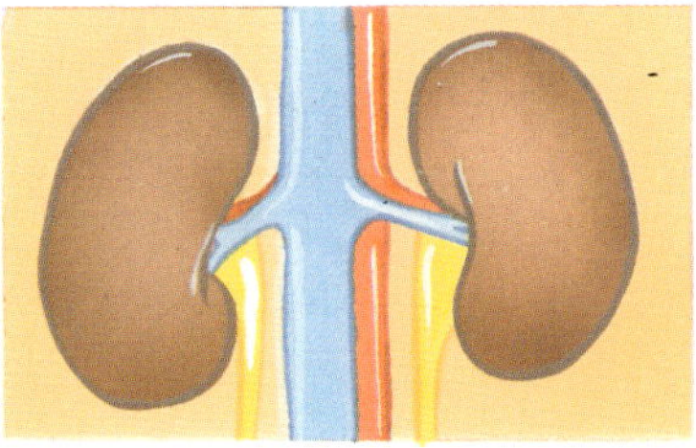

Les reins filtrent les déchets du sang et les éliminent avec l'urine.

Sais-tu que...

Plus de 200 muscles entrent en action pour faire un pas, seulement 15 pour un sourire !

Les êtres humains possèdent un reste de queue : le coccyx. Il se situe tout en bas de la colonne vertébrale.

Nous avons 300 os à la naissance, mais seulement 208 à l'âge adulte : certains se soudent au cours de notre croissance.

Aujourd'hui, grâce aux progrès de la chirurgie, il est possible de remplacer des organes fonctionnant mal ou usés.

Histoire

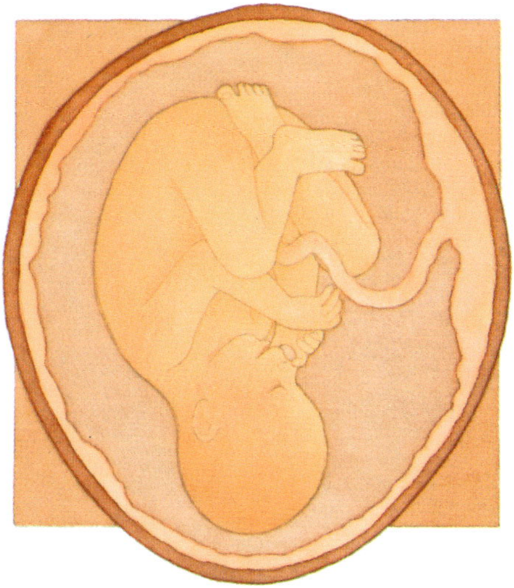

D'où viens-tu ?

Pour faire un enfant, un homme et une femme qui s'aiment unissent leurs corps.

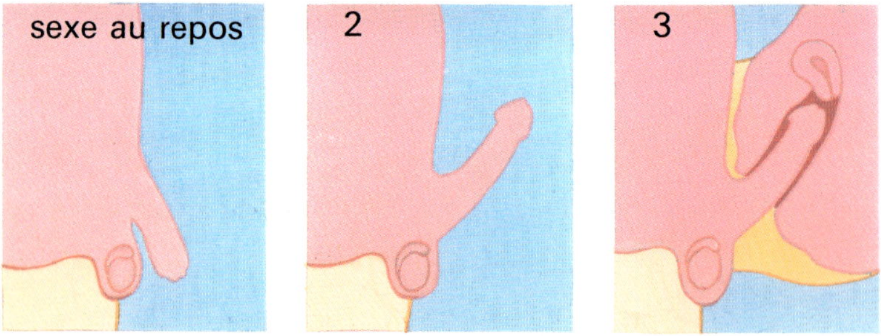

Dans ce grand moment de plaisir, le sexe de l'homme se dresse et devient raide (2). Il pénètre alors doucement dans le sexe de la femme (3) et y envoie un liquide : le sperme.

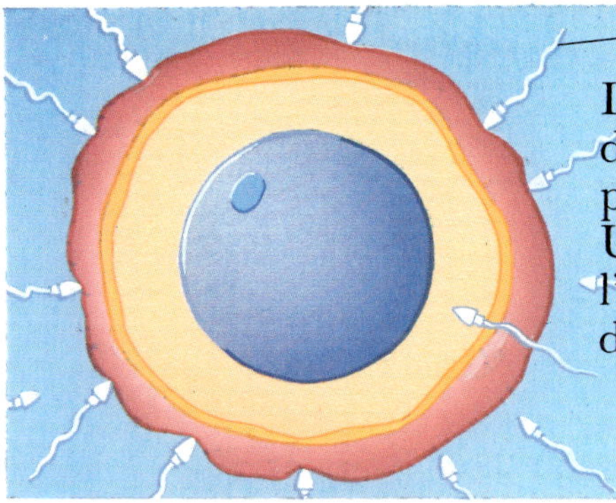

Le sperme contient
des spermatozoïdes
par millions.
Un seul féconde
l'ovule mûr
de la femme.

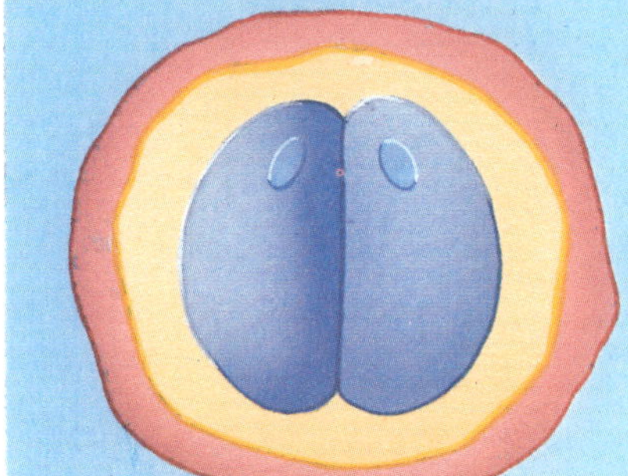

Ensemble, ils forment
un œuf ; la première
cellule du bébé !
Elle se divise d'abord
en 2, puis en 4
et ainsi de suite ;
l'œuf grandit.

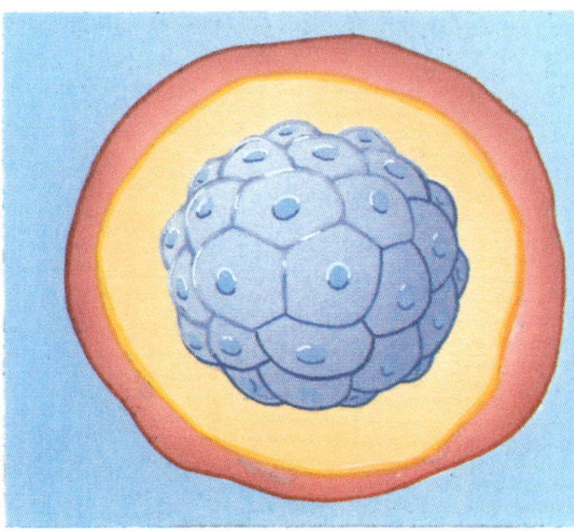

L'œuf, formé de
nombreuses cellules,
grossit et va
s'accrocher dans
la partie du ventre
de la maman
appelée utérus.
C'est le début
de la grossesse.

Fille ou garçon ?

Il ou elle ?
C'est le hasard.
La maman
enceinte consulte
régulièrement
un médecin,
le gynécologue.

Un examen, l'échographie, sert à vérifier que le futur bébé va bien.

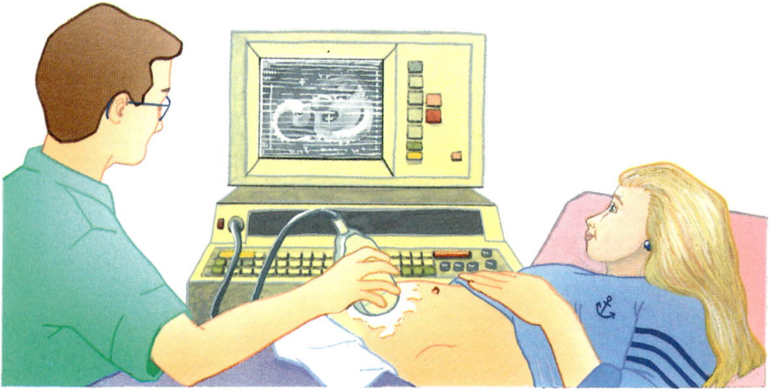

S'ils le désirent, les parents peuvent, grâce à lui, connaître son sexe.

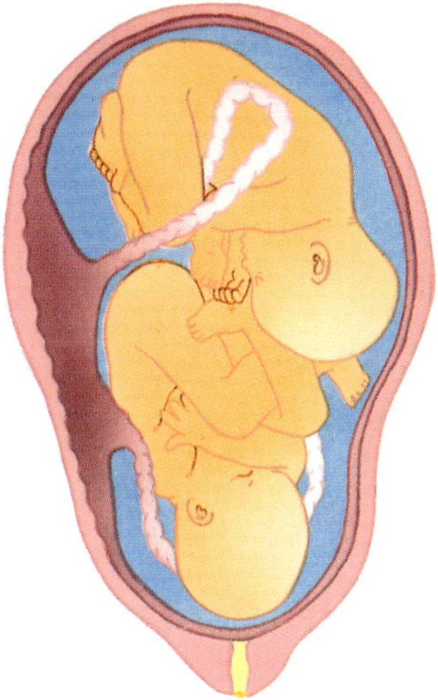

Il arrive qu'il y ait
des vrais jumeaux,
de même sexe,
dans un seul œuf...

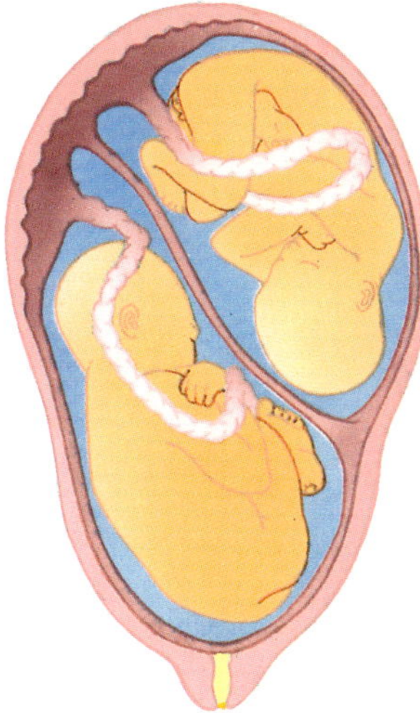

...ou de faux jumeaux,
avec chacun son œuf
et son placenta.

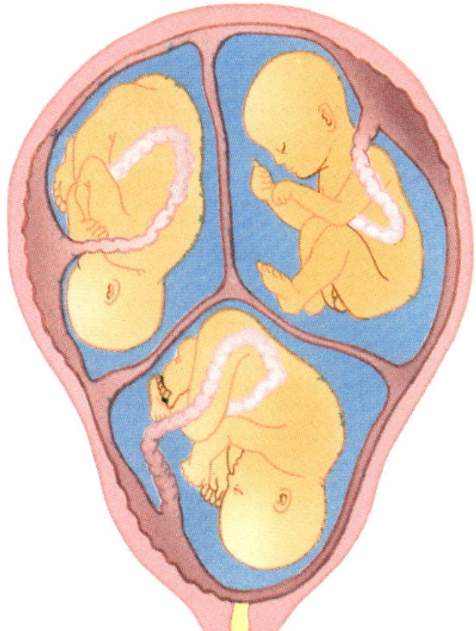

Chose rare, il peut
y avoir 3, 4, 5... bébés,
qui se ressemblent
ou pas, de même
sexe ou non !

9 mois pour un bébé

L'œuf se développe dans une poche d'eau. La maman le nourrit grâce au cordon ombilical.

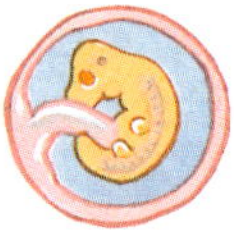

À 1 mois, c'est un embryon, gros comme un petit pois. Le cœur bat.

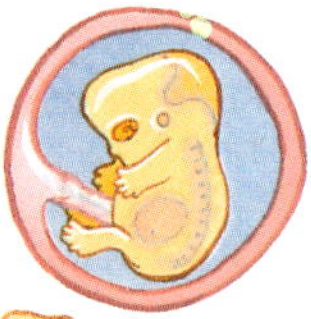

À 3 mois, c'est un bébé miniature, ou fœtus.

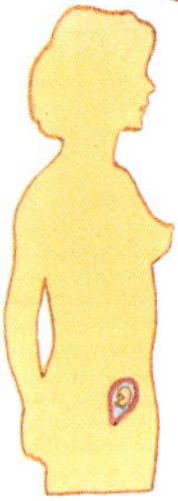

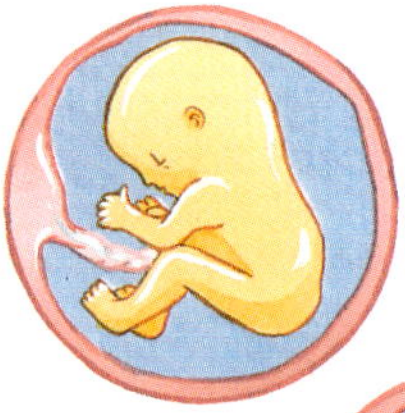

À 4 mois, il dort beaucoup.

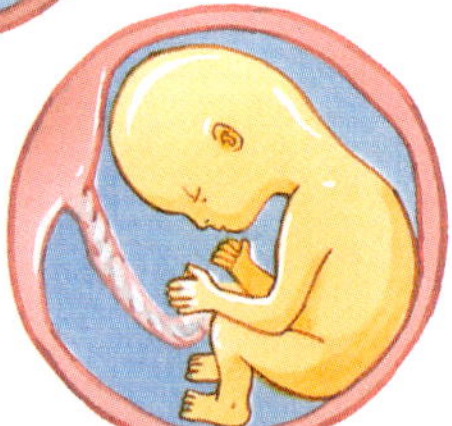

À 5 mois, il suce son pouce.

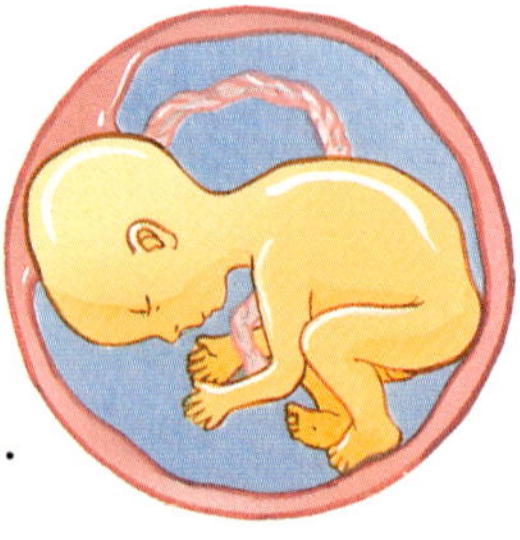

À 6 mois, il entend des sons.

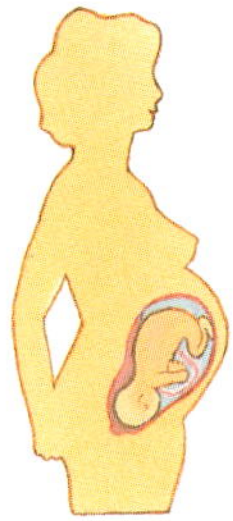

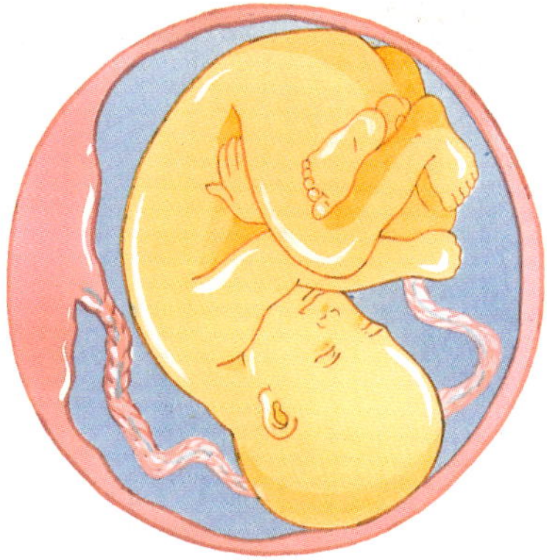

À 9 mois,
il sort du ventre
de sa maman.

Un jour,
il se retourne,
tête en bas,
prêt à naître.

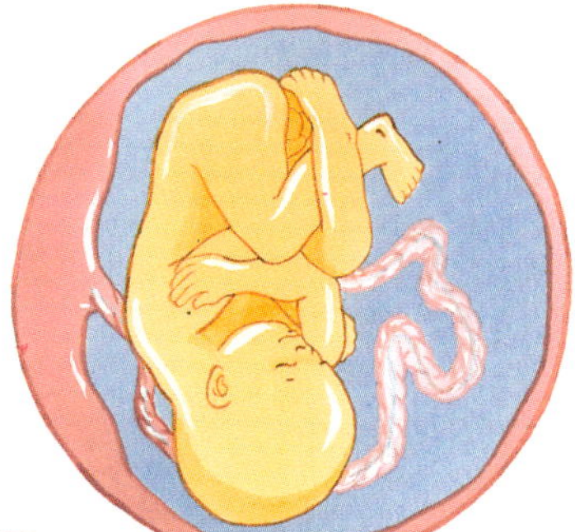

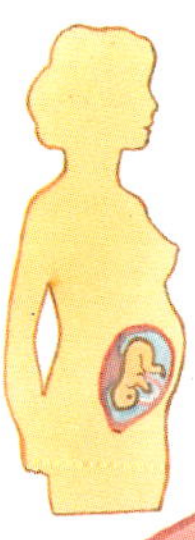

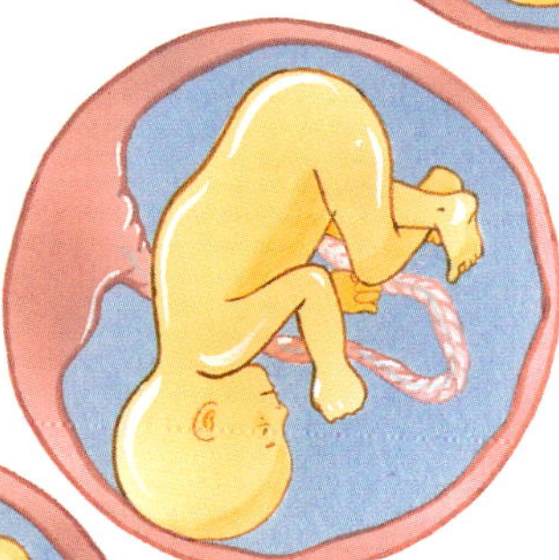

À 8 mois,
il peut
sentir
les goûts.

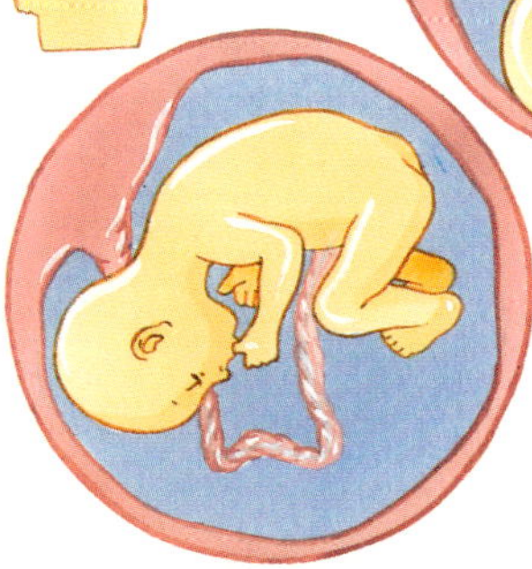

À 7 mois,
il ouvre les yeux et donne
des coups de pied.

La naissance

Le bébé est prêt à naître !
La maman va à la maternité pour accoucher.
Les contractions des muscles poussent le bébé hors du ventre. En général, il sort tête la première. Le reste du corps suit.

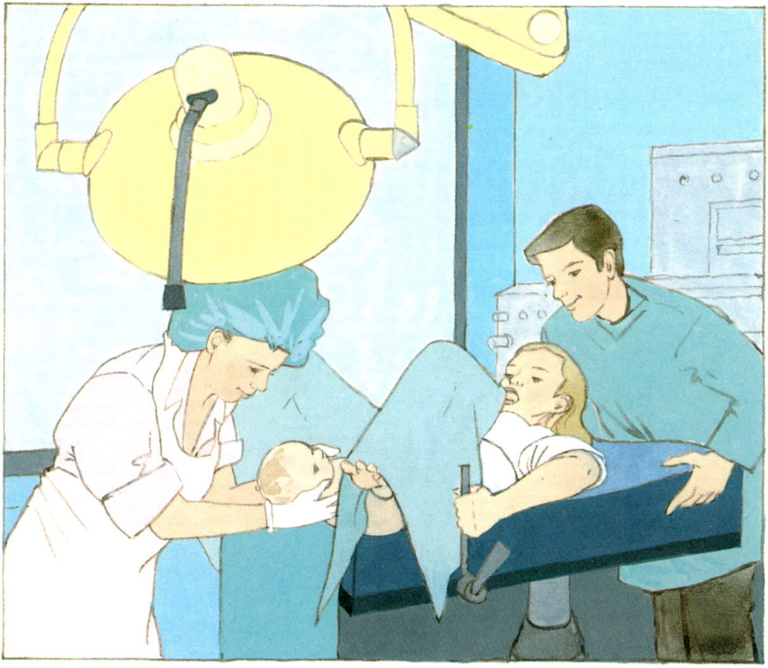

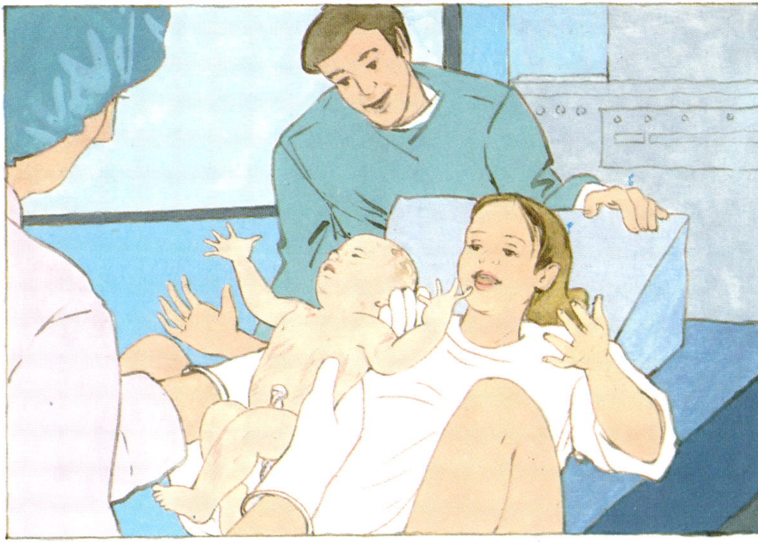

Le médecin ou la sage-femme aide le bébé à se dégager. En prenant sa première respiration, le nouveau-né crie. Le cordon ombilical, devenu inutile, est coupé.

Le petit bout relié au corps de l'enfant sèche et tombe quelques jours après.
La cicatrice forme le nombril.

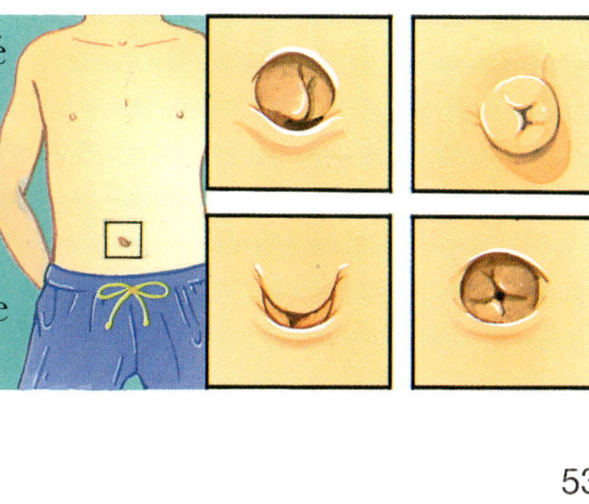

La vie du bébé

Sorti du ventre de sa mère, le bébé a besoin de beaucoup d'amour.

Il dort beaucoup. Quand il a faim, il réclame par des pleurs le sein de sa maman ou le biberon de lait.

Le contact de ses parents le rassure. Il reconnaît leur voix et leur odeur.

Il regarde ce qui est près de lui. Il sourit. Il apprécie le bain, les couches propres.

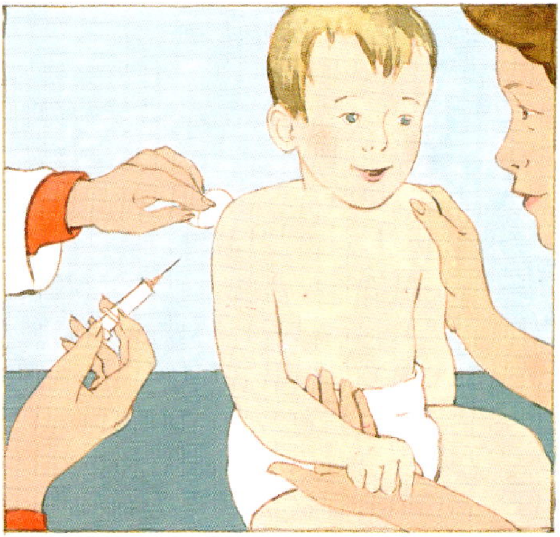

Les vaccinations protègeront son petit corps des maladies.

Enfant puis adolescent

Le bébé grandit.
Il fait de plus en plus
de choses seul.

Le monde reste à découvrir...
Sur son vélo, à l'école, dans le sport
et en communiquant avec les autres,
l'enfant progresse. Il construit
sa personnalité, prépare sa vie d'adulte.

Adolescent puis adulte

Entre douze et seize ans, c'est la puberté : la poitrine et les hanches des filles se dessinent, la voix des garçons devient plus grave et la barbe commence à pousser.

Le corps a grandi. Les jeunes sont devenus des adultes. Ils entrent dans le monde du travail. Ils rencontrent l'amour. S'ils le désirent, ils peuvent vivre ensemble et fonder une famille.

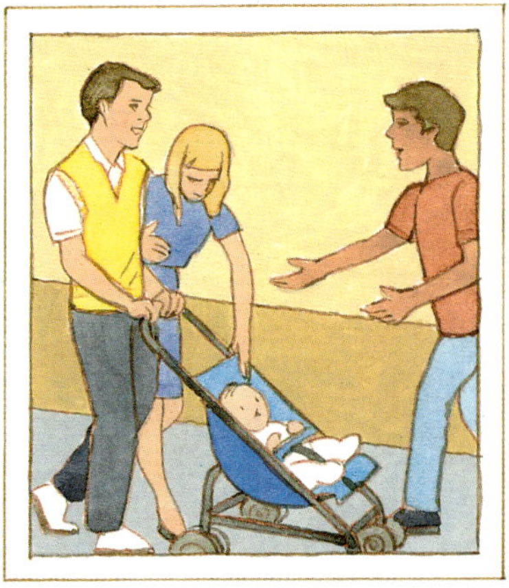

Et le corps vieillit

Le corps de l'adulte est au mieux de ses capacités physiques et intellectuelles.

En vieillissant, le corps est moins actif.
Usé, il a de plus en plus de difficultés
à rester en bonne santé.
Quand une personne meurt, son souvenir
reste chez ceux qui l'ont aimée.

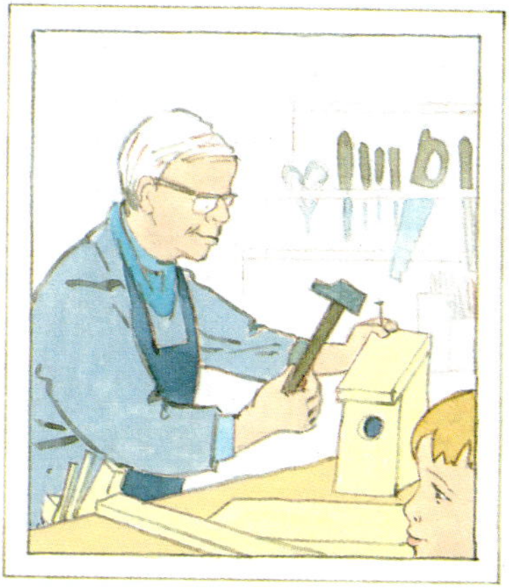

Sais-tu que...

Entre sept et neuf ans, l'enfant atteint les trois quarts de sa future taille.

Qui vit le plus vieux ? Le chien, l'homme ou l'éléphant ? C'est l'homme !

Le cerveau du fœtus se forme entre la deuxième et la onzième semaine de la grossesse.

Les ongles des mains grandissent en moyenne de un millimètre par semaine. Ils poussent deux fois plus vite que ceux des pieds.

Les sens

Entendre

Nos oreilles reçoivent en permanence des sons, agréables ou désagréables, qui nous renseignent sur le monde. Elles peuvent signaler un danger que l'on ne voit pas !

Le pavillon
recueille les sons,
qui font vibrer
le tympan.

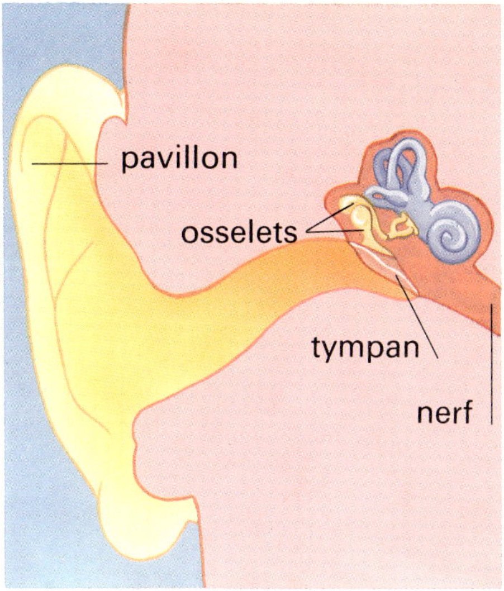

Les osselets
transmettent
alors les sons
au nerf qui va
au cerveau.

Écouté trop fort, le
baladeur rend sourd !

L'amplificateur est
utile au malentendant.

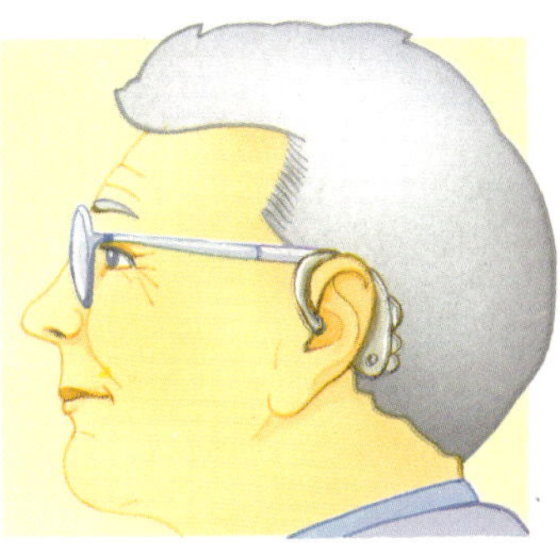

Sentir

Le nez permet de respirer, mais aussi de sentir. Il reconnaît, découvre les odeurs. Invisibles et plus ou moins agréables, les senteurs flottent dans l'air.

Quand l'odeur atteint le fond du nez, des petits nerfs en informent le cerveau, qui l'identifie.

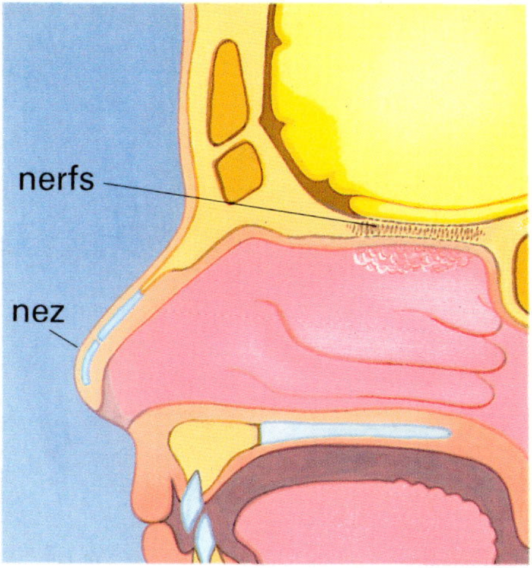

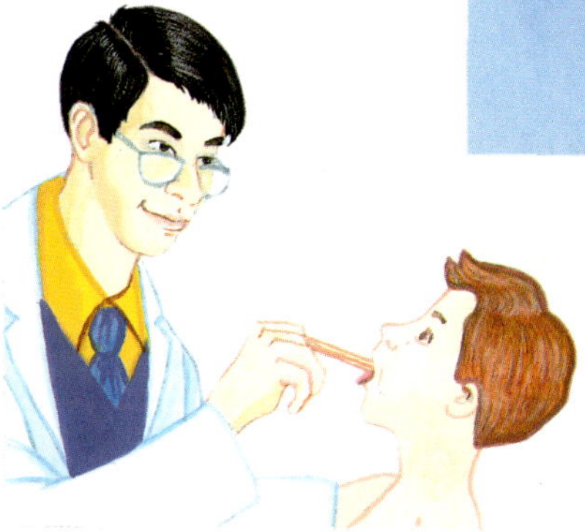

L'oto-rhino-laryngologiste est le médecin qui soigne nez, gorge, oreilles.

Odorat et nourriture sont très liés. L'odeur d'un bon plat met l'eau à la bouche !

Toucher

Au toucher, nous éprouvons des sensations. La peau est sensible à la chaleur du bol, au froid de la glace, à la douleur d'une piqûre, à la douceur d'une caresse.

Les petits nerfs
de la peau
envoient
les messages
du toucher
jusqu'au cerveau.

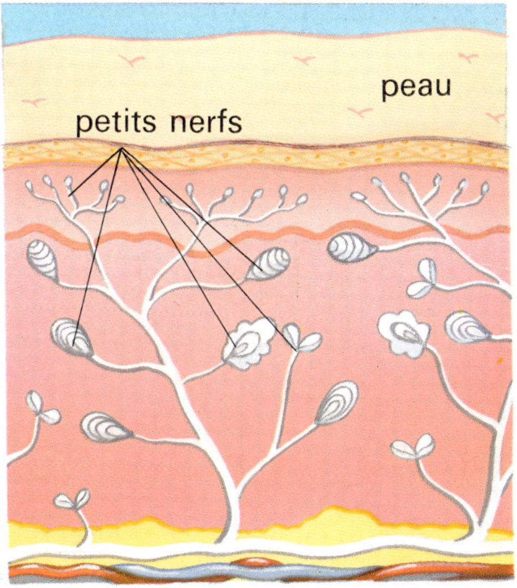

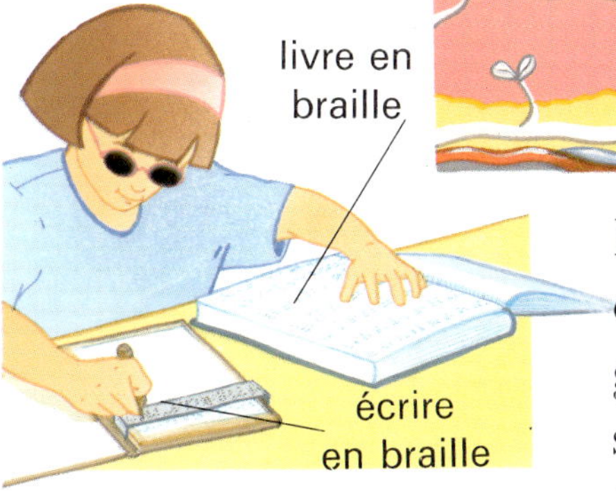

L'aveugle peut lire
et écrire le braille
grâce à son
sens du toucher
très développé.

Le pianiste contrôle
la pression qu'il exerce
sur les touches.

Goûter

La langue ressent la température, la douleur, la consistance et aussi le goût.

sucré

salé

Elle envoie des messages au cerveau, qui analyse les goûts.

Très nombreuses, les papilles gustatives recouvrent la langue.

Suivant la région où elles se situent, leur forme est différente.

La meilleure façon de déguster une glace est de la lécher avec le bout de la langue, qui est la partie la plus sensible à la saveur sucrée !

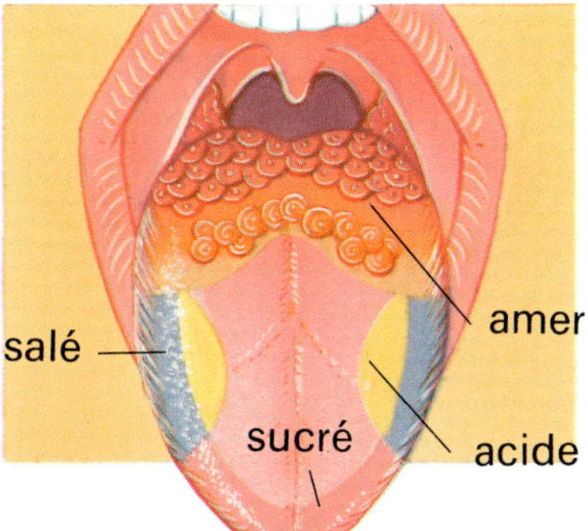

La langue a des zones spécialisées pour reconnaître chacune des quatre grandes saveurs : le sucré, le salé, l'acide, l'amer.

Voir

À peine ouverts, nos yeux filment, comme une caméra, le monde qui nous entoure.

Bleus, verts ou marron, nos yeux sont très sensibles aux couleurs, aux formes, aux reliefs et aux distances. Ils sont fragiles et précieux.

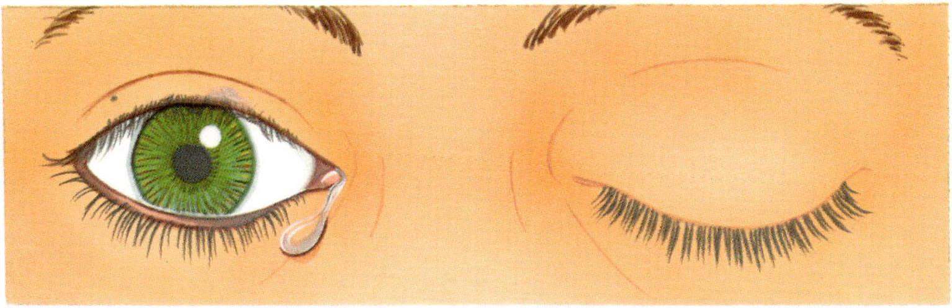

Les larmes, étalées par la paupière, gardent l'œil humide et propre.

Grâce à des muscles, les yeux bougent rapidement, ensemble et dans tous les sens.

L'œil est un globe
logé dans
son orbite.
Au fond du globe,
la rétine reçoit
les images
et les transmet
au cerveau.

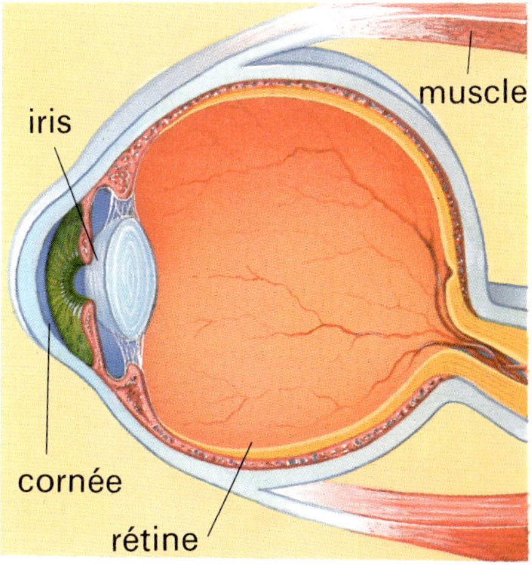

Yeux sensibles

Dans l'obscurité, l'œil s'adapte.
L'iris s'ouvre et la pupille s'agrandit pour laisser passer un maximum de lumière.

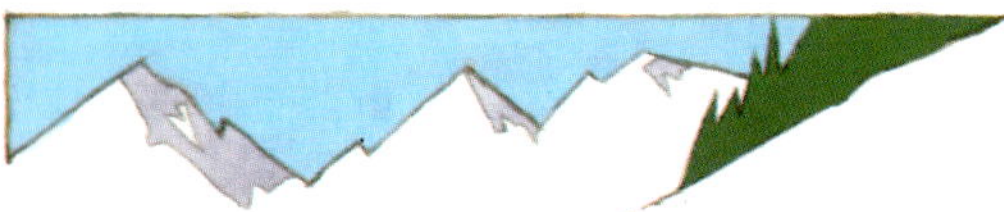

À la montagne,
la forte luminosité
brûle les yeux. N'oublions
pas nos lunettes !

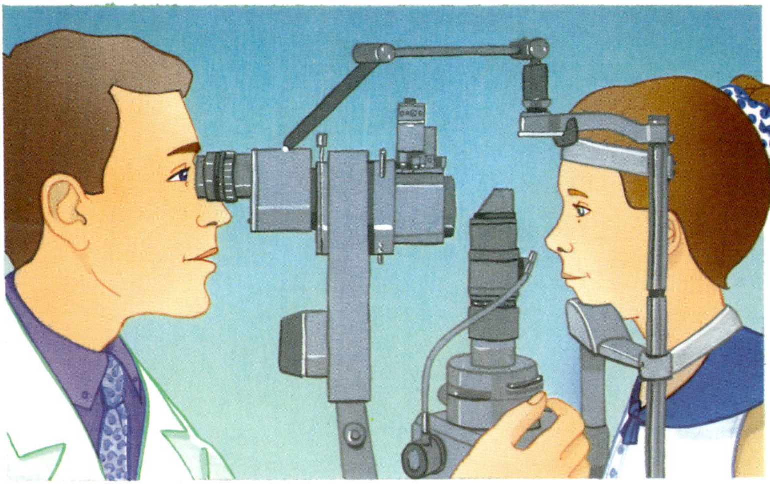

L'ophtalmologiste examine les yeux avec un appareil spécial. À travers la pupille, il observe la rétine, au fond de l'œil.

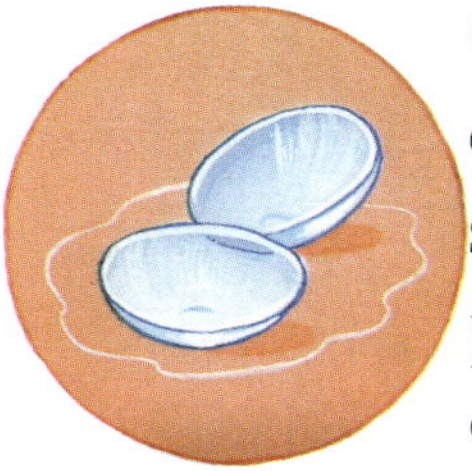

Certains défauts de la vue sont corrigés par des lunettes ou des lentilles.

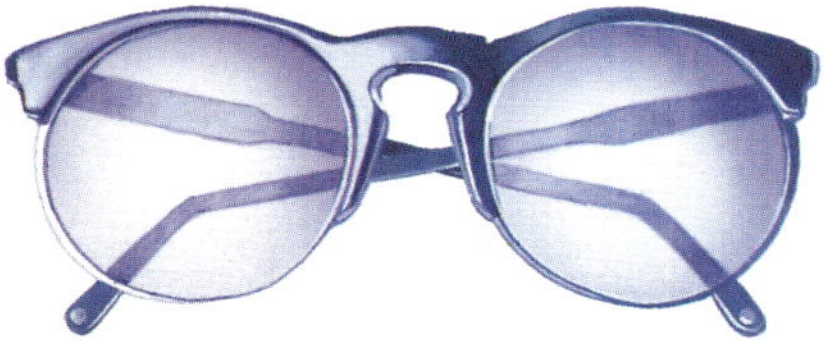

Une canne blanche aide les aveugles à se guider.

D'où vient la voix ?

De l'aigu au grave, chacun peut jouer avec sa voix comme avec un instrument de musique.
Lorsque nous parlons, crions ou chantons, le son qui sort par la bouche est fabriqué dans la gorge.

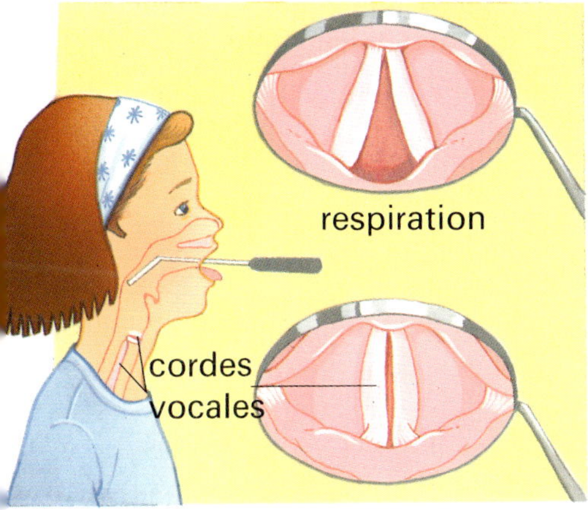

L'air expulsé par nos poumons fait vibrer nos cordes vocales. En parlant, ces vibrations produisent des sons : la voix.

En posant tes doigts sur ta gorge quand tu parles, tu les sentiras vibrer.

La voix sert aussi à communiquer avec les autres. Les sourds-muets utilisent un langage par gestes.

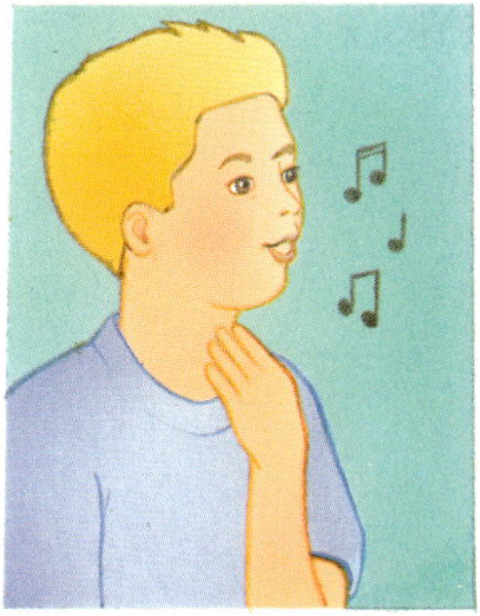

👁 Le corps « parle »

Le corps tout entier exprime des émotions, des sentiments. Il laisse apparaître des réactions sans qu'on utilise la parole.

Certaines habitudes ou positions, certains gestes ne trompent pas. Le visage d'un enfant heureux est très différent de celui d'un enfant qui a du chagrin.

Quand tu es malade

Fièvre, toux, boutons, douleurs... sont les premiers signes d'une maladie. Notre corps est sensible à l'attaque des microbes et s'affaiblit.

En luttant contre ces envahisseurs, le cœur bat plus vite et la température du corps s'élève. C'est la fièvre.

Lors de la consultation, le médecin ausculte le corps et questionne le malade, afin de reconnaître la maladie.
Avec son stéthoscope, il écoute la respiration et les battements du cœur.
Sur une ordonnance, le médecin note la liste des médicaments et les conseils qui aideront à guérir.

Le corps se souvient

Certaines maladies des enfants, comme la varicelle, sont très contagieuses. Mais elles ne s'attrapent qu'une seule fois !

Le corps reconnaît le virus et s'en protège aussitôt.

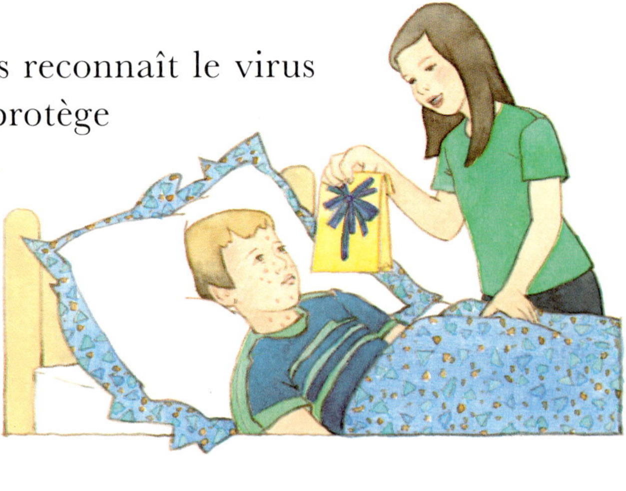

Le cerveau retient des informations : c'est la mémoire. Plus on l'entraîne, plus elle se développe. Elle permet de parler, d'apprendre... et de rêver.

Le souvenir d'une expérience nous aide à mesurer le risque, à éviter les accidents.

Sais-tu que...

Plus de la moitié de notre corps est constituée d'eau. Nous en buvons chaque jour autant que nous en éliminons !

À cause d'un défaut de l'œil, les daltoniens perçoivent mal les couleurs. Certains confondent le vert et le rouge.

La voix peut devenir aiguë au point d'émettre un son qui brise un verre en cristal !

Nos oreilles nous permettent aussi de garder l'équilibre. Elles nous renseignent sur la position de notre corps.

Les antibiotiques sont des médicaments qui aident le corps à lutter contre certains microbes, les bactéries.

Appareils

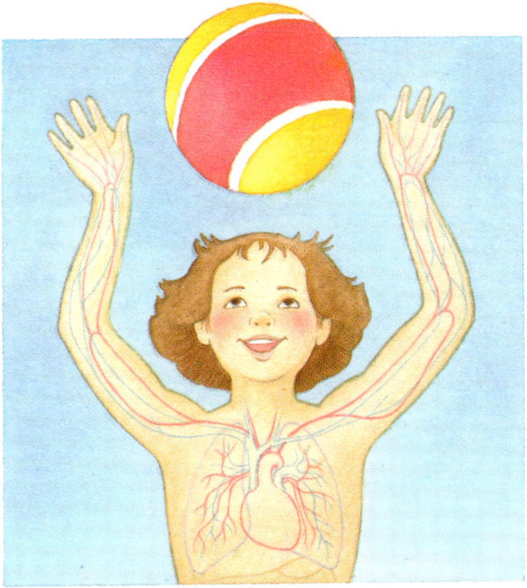

et systèmes

Manger pour vivre

Nous mangeons pour donner de l'énergie à notre corps. Selon les pays, les aliments peuvent être très différents, mais notre corps les digère tous de la même manière.

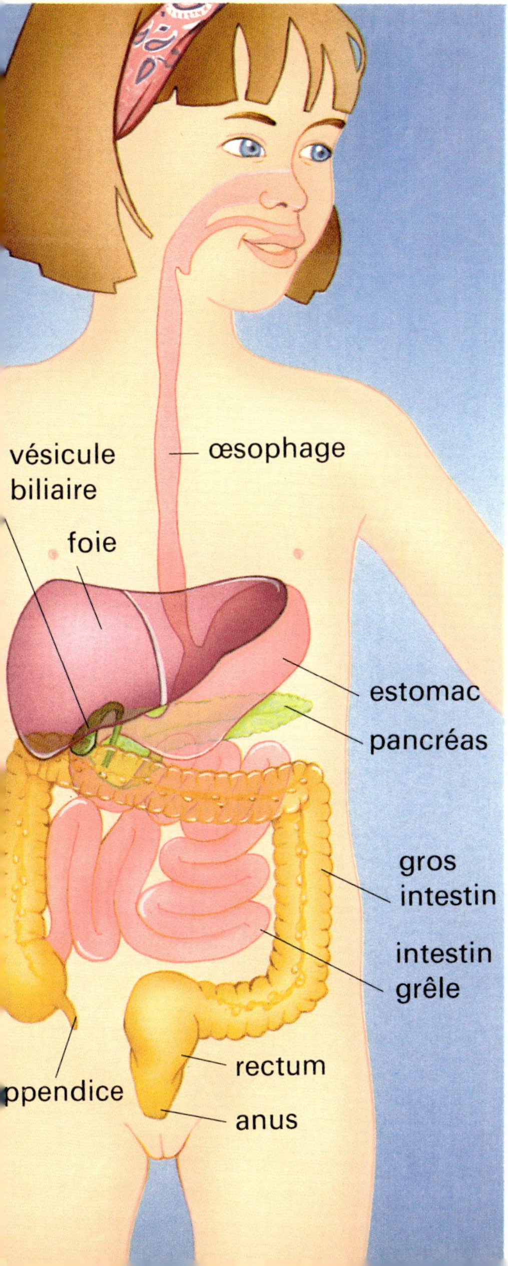

Les aliments
mâchés
descendent
l'œsophage
avant d'être
mixés par
l'estomac.
Tout en suivant
l'intestin,
une partie
de cette bouillie
passe dans
le sang.
Les déchets
sont évacués
par l'anus.

Des dents pour mâcher

Les dents préparent les aliments à la digestion. Leur rôle diffère suivant leur forme et leur place dans les mâchoires.

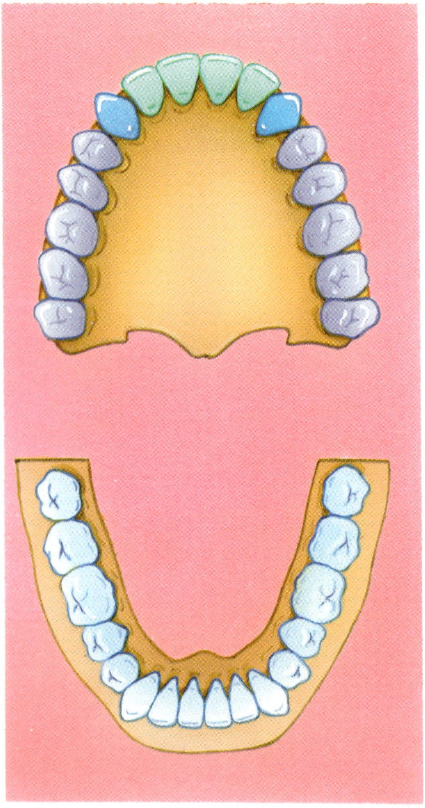

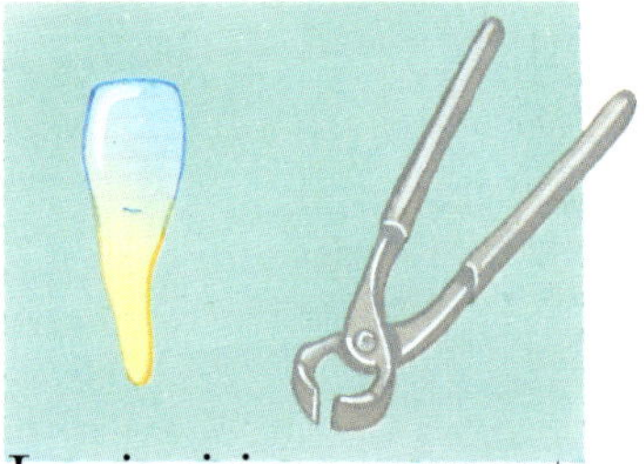

Les incisives coupent.

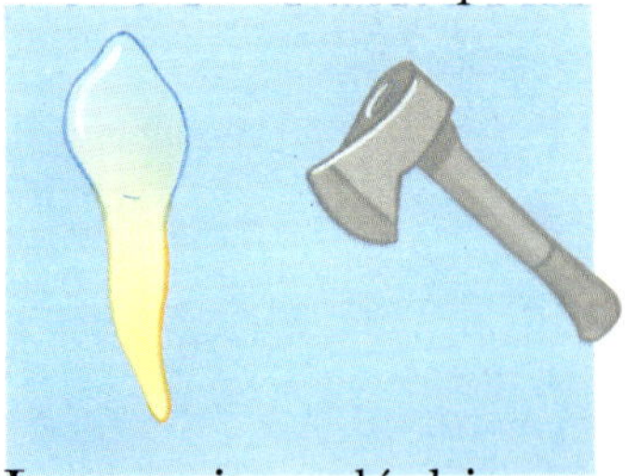

Les canines déchirent.

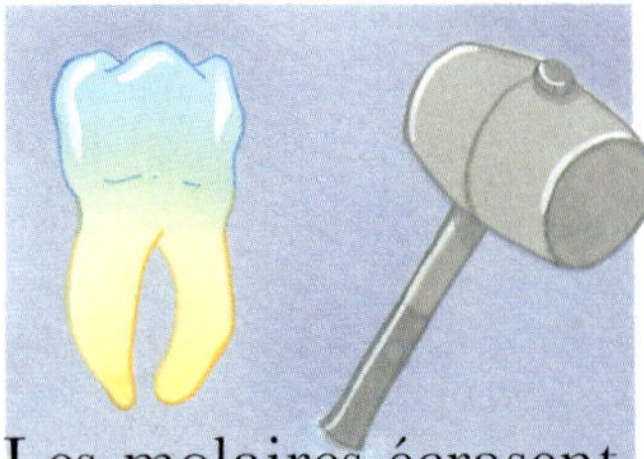

Les molaires écrasent.

La dent prend
racine dans
la mâchoire.
Une couche
d'émail, dure,
recouvre
la dentine,
ou ivoire.
Au centre
se trouve la pulpe,
la partie sensible.

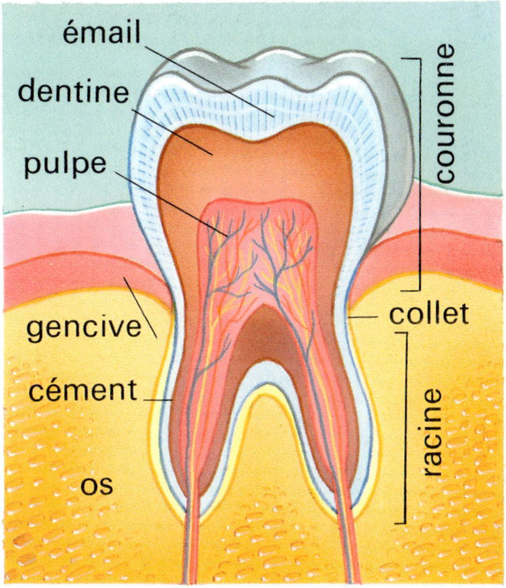

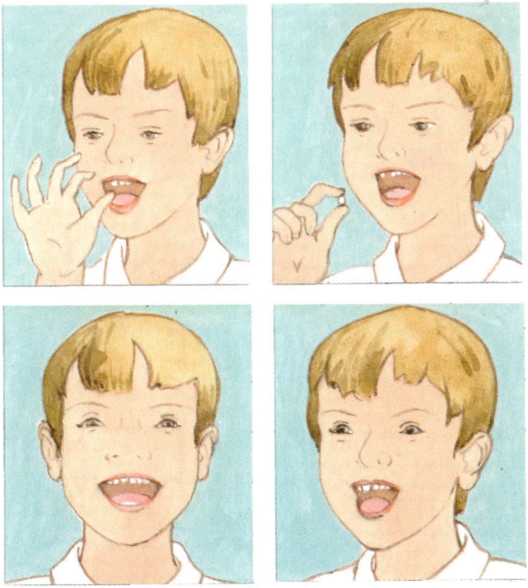

Vers six ans,
les dents de lait
bougent,
puis tombent !
Les dents
définitives,
plus grandes,
percent
la gencive
et prennent
leur place
dans la bouche,
pour toute
la vie !

De bonnes dents

Le dentiste surveille l'état de nos dents.
S'il repère une dent malade ou une carie,
il la soigne et rebouche le trou.

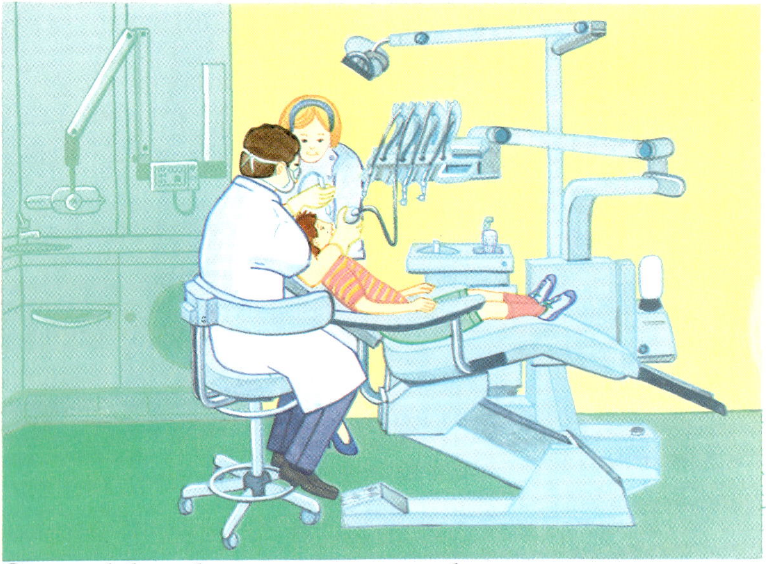

Quand les dents poussent de travers, on
peut les redresser en portant un appareil.

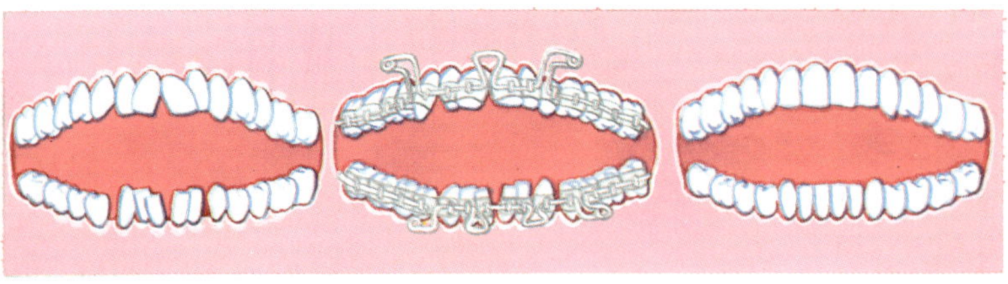

Trois minutes
de brossage après
chaque repas
évitent bien
des caries !

En brossant,
de la gencive
vers la dent,
du rose vers le blanc,
les déchets s'en vont.

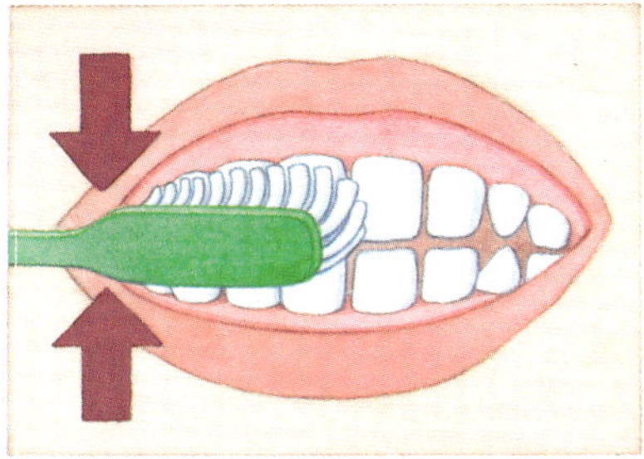

Ce geste doit être
répété cinq fois
sur les faces
intérieures
et extérieures.

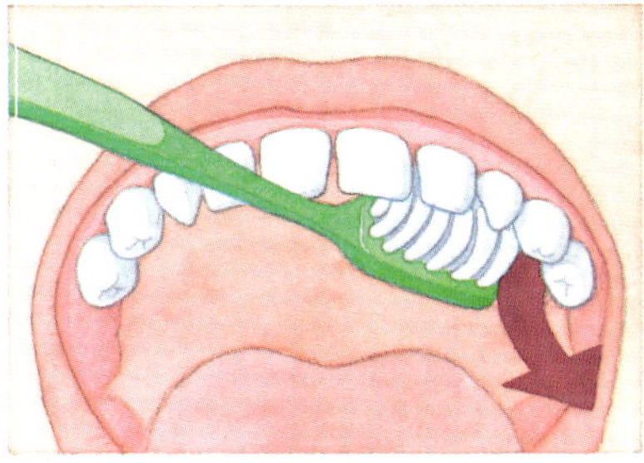

Avant le rinçage,
brossez le dessus.
Trop de sucreries
provoque
des caries !

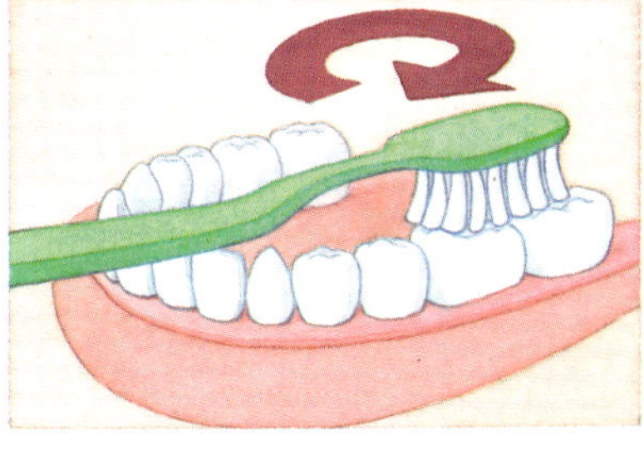

Le cœur, le sang

Le sang est véhiculé par les artères *(en rouge)* et par les veines *(en bleu)*.

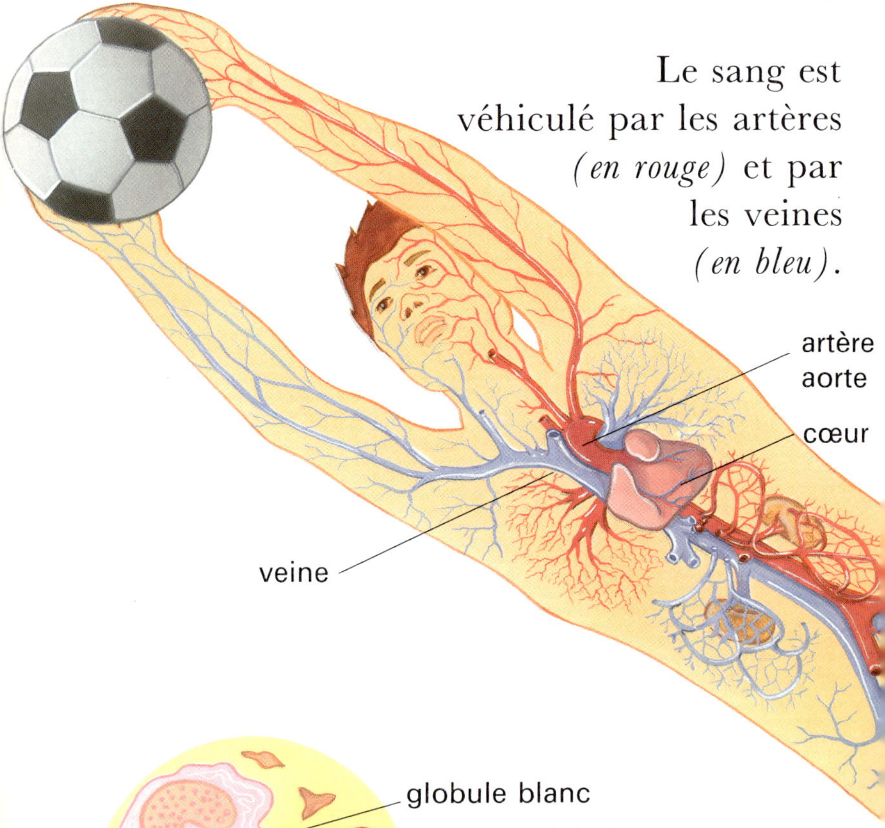

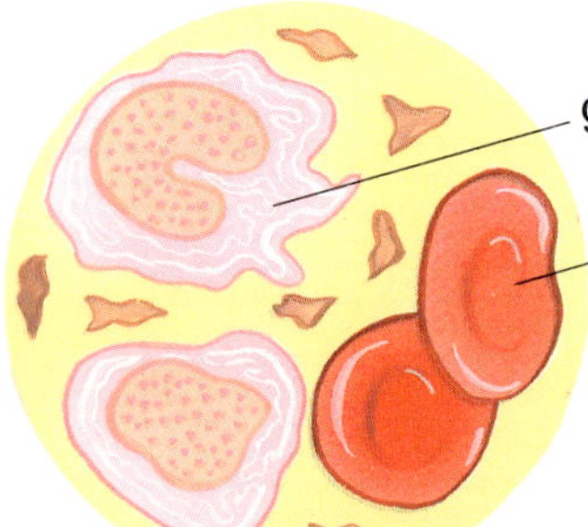

Composé de globules, de plaquettes, le sang transporte l'énergie et les défenses.

Le cœur
est un muscle creux
qui pompe sans
arrêt le sang.

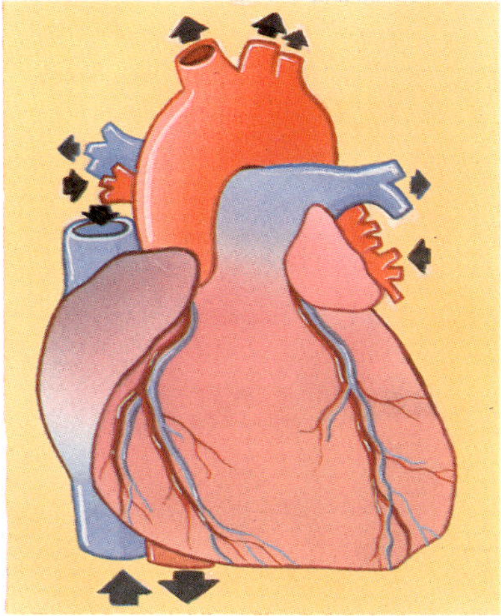

Pendant toute notre
vie, il bat sans cesse,
plus ou moins vite,
suivant nos efforts.

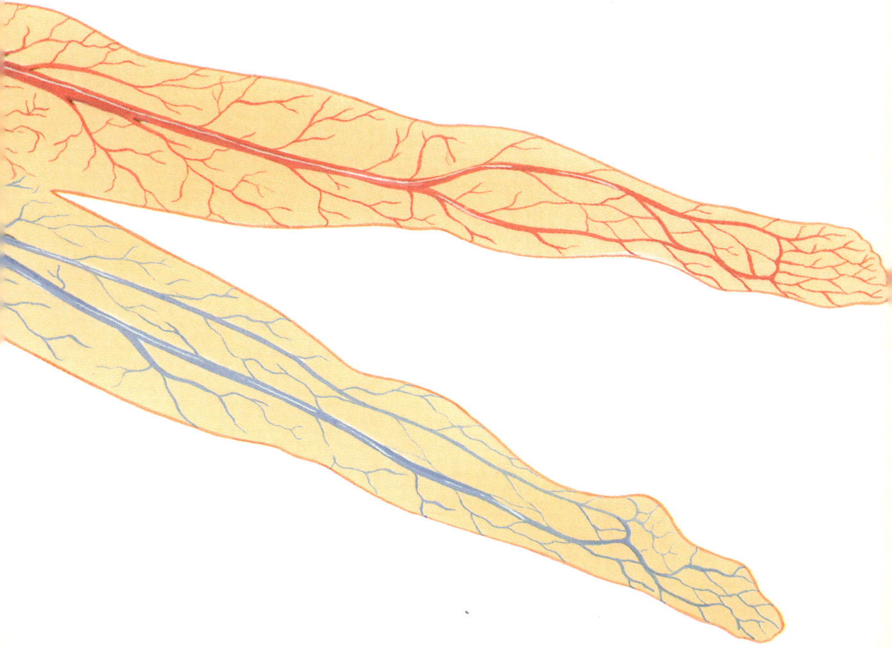

Respirer

La respiration se fait en deux temps.
Les poumons se gonflent, c'est l'inspiration.
Ils se dégonflent, c'est l'expiration.

Pour respirer,
il nous faut de l'air.
Sans tuba, impossible
de rester sous l'eau !

L'air entre et sort
par le nez
ou par la bouche.

Inspiration

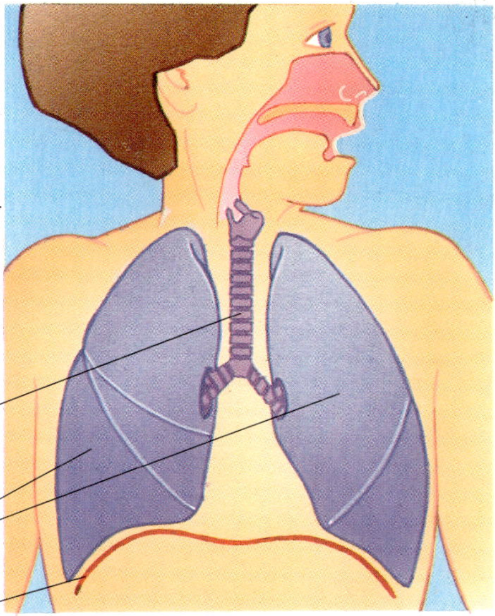

Il apporte
l'oxygène
dans les poumons.

Expiration

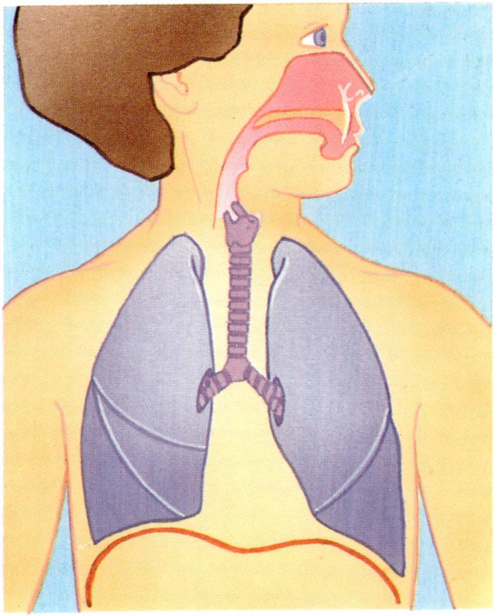

Là, le sang
absorbe l'oxygène
et se débarrasse
de déchets gazeux.

Les poumons
sont le lieu
d'échange entre
l'air et le sang.

Les sexes

L'homme et la femme
ont un sexe différent
dont la fonction
principale
est la reproduction.
L'appareil génital
féminin se compose
de deux ovaires,
de deux trompes,
d'un utérus
et d'un vagin.

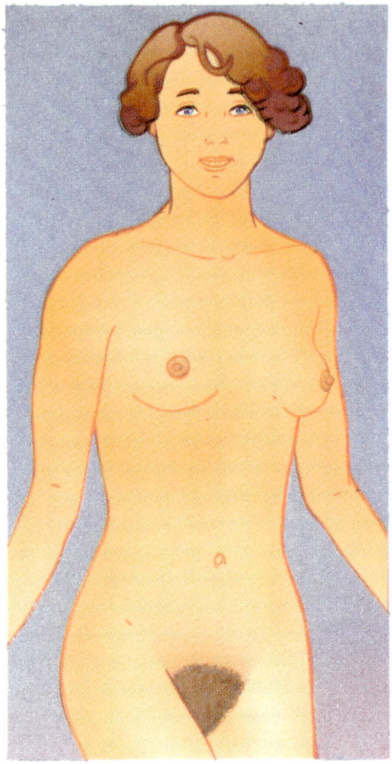

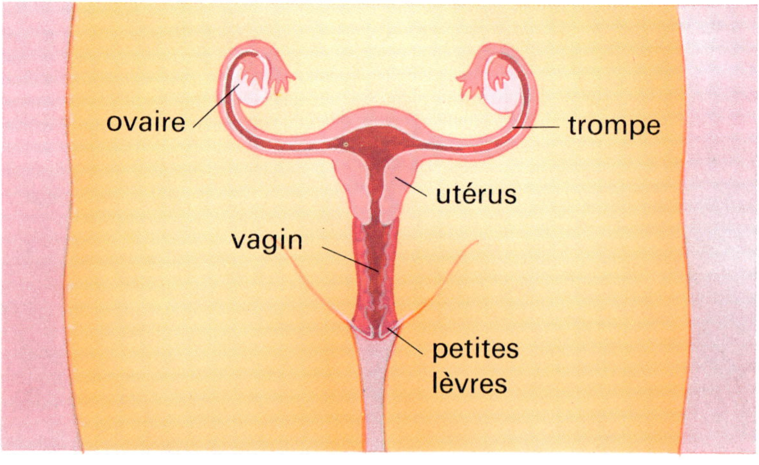

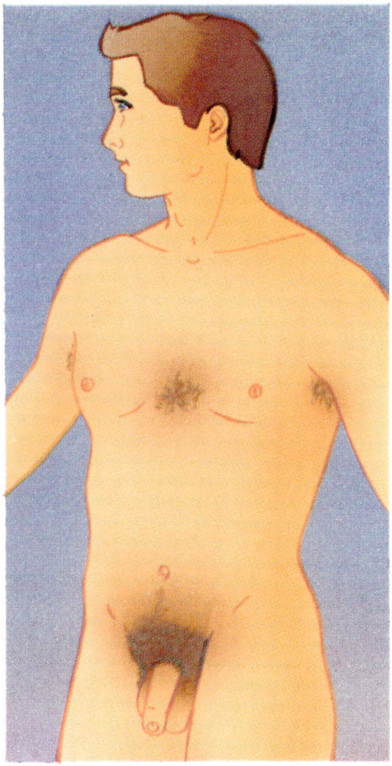

L'appareil génital
masculin
est composé
de deux testicules
et d'un pénis.

Garçon ou fille,
il faudra attendre
l'âge de la puberté
pour que cet appareil
fonctionne
et permette de faire
un enfant.

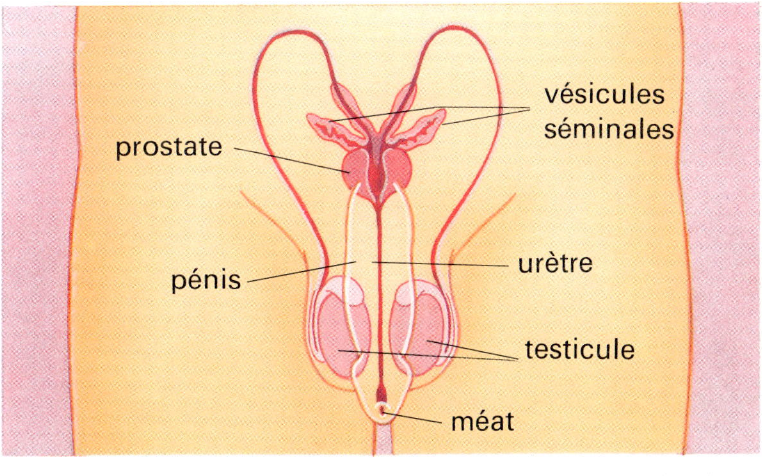

Comment éliminer

Poisons pour le corps, les déchets produits par les organes doivent être éliminés. Transportés par le sang, ils sont évacués par les poumons, l'intestin, les reins et la peau.

Le sang traverse
sans arrêt
les reins.
Il y abandonne
de l'eau, du sel
et d'autres déchets
qui composent
l'urine. Celle-ci
va peu à peu
remplir une
poche : la vessie.

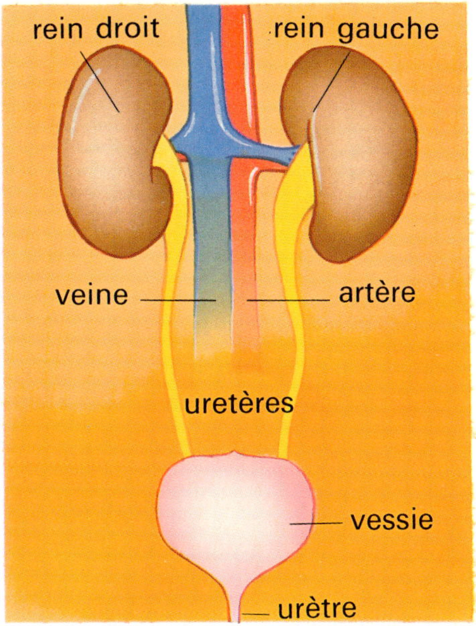

Pour vider la vessie, nous faisons pipi.
En buvant souvent de l'eau, nous
aidons nos reins à éliminer les déchets.

Ton système nerveux

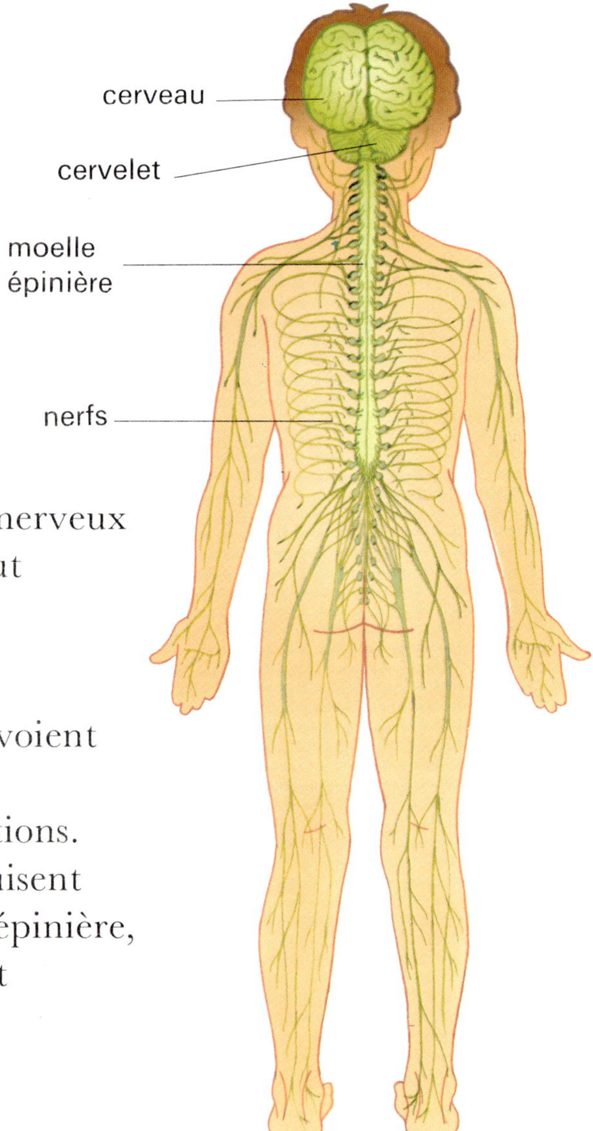

Le système nerveux parcourt tout notre corps.

Les nerfs envoient et reçoivent des informations. Ils les conduisent à la moelle épinière, qui transmet les messages au cerveau.

Les nerfs permettent la marche
et la vision en apportant au cerveau
des informations qu'il analyse.

En cas de douleur,
les nerfs réagissent.
Ils provoquent le réflexe de retrait.

Sais-tu que...

La digestion dure de huit à vingt-quatre heures. La nourriture parcourt une dizaine de mètres de la bouche à l'anus.

Tout le monde n'a pas le même sang. Il y a quatre groupes sanguins : A, B, AB et O. Les personnes du groupe O peuvent donner leur sang à toutes les autres. Une prise de sang puis une analyse sont nécessaires pour connaître son groupe.

Le corps contient 5 à 6 litres de sang.

Impossible de garder les yeux ouverts en éternuant. L'air sort du nez à 160 km/h !

Si les muscles de l'appareil respiratoire sursautent, ils nous font inspirer par à-coups : c'est le hoquet.

En forme !

☺ Bien dormir

Pendant le sommeil, le corps fonctionne à un autre rythme. Il se repose, se répare, reprend des forces.

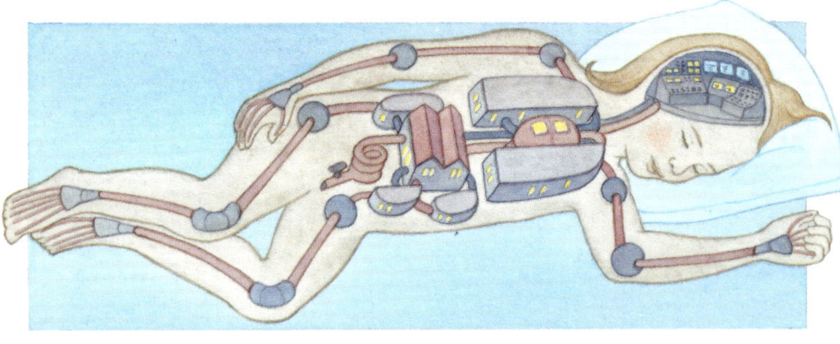

Dormir permet au cerveau de se développer et à la mémoire de se fabriquer.

Les yeux piquent, on bâille : il est temps de s'allonger au calme pour s'endormir. On ne garde pas toute la nuit sa position préférée ; on bouge sans le savoir...

Entre cinq et huit ans, un enfant a besoin d'environ douze heures de sommeil par jour.

☺ Rêves ou cauchemars

Lorsque nous dormons, à certains moments nous rêvons. Ces rêves sont nécessaires au cerveau pour qu'il reste en forme. Mais on ne s'en souvient pas toujours !

Les cauchemars sont des rêves effrayants, qui soulagent des malheurs, des peines et des peurs vécus dans la réalité. Les sensations éprouvées alors sont si fortes qu'elles nous réveillent parfois.

☺ Faire du sport

En pratiquant un sport, nous profitons pleinement de notre corps. L'exercice physique permet de se développer, de connaître ses capacités et ses limites.

Se concentrer et respecter les autres font partie du jeu ! Entraîné régulièrement, le corps devient plus résistant, il se fatigue moins vite.

☺ Manger équilibré

Le corps doit trouver dans la nourriture ce dont il a besoin pour vivre.
On peut l'aider en mangeant de tout, régulièrement, et en buvant de l'eau.

Les chercheurs ont classé les aliments en trois groupes. Chaque groupe agit d'une façon particulière sur le corps.

Les protéines construisent et entretiennent le corps.

Les glucides
apportent l'énergie
et favorisent
l'endurance.

Les lipides, ou graisses,
stockent l'énergie
et développent
le cerveau.

☺ Les vitamines

Ces six vitamines sont dans nos aliments :

VITAMINE A
pour la vue,
la peau.

VITAMINE B
pour la digestion.

VITAMINE C
pour la résistance.

Ce sont des éléments importants, à consommer chaque jour, car le corps ne les fabrique pas !

VITAMINE D

pour la croissance.

VITAMINE E

pour la jeunesse.

VITAMINE K

pour la coagulation du sang.

Se laver

Il est important de se laver chaque jour. En savonnant notre peau, nous chassons les microbes et nous évitons des maladies. Être propre, sentir bon, c'est agréable pour tout le monde !

Sous la douche, le corps se réveille ; dans le bain, il se détend. Salis par la sueur et les poussières, les vêtements doivent alors être changés.

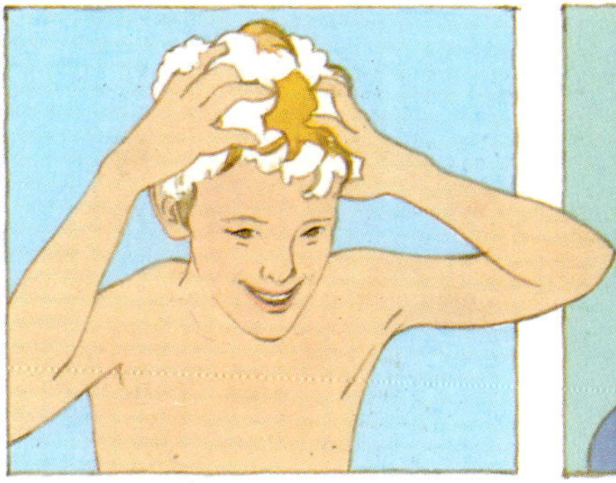

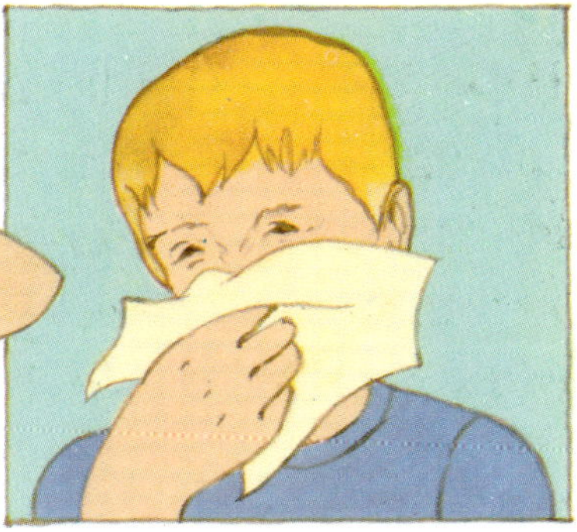

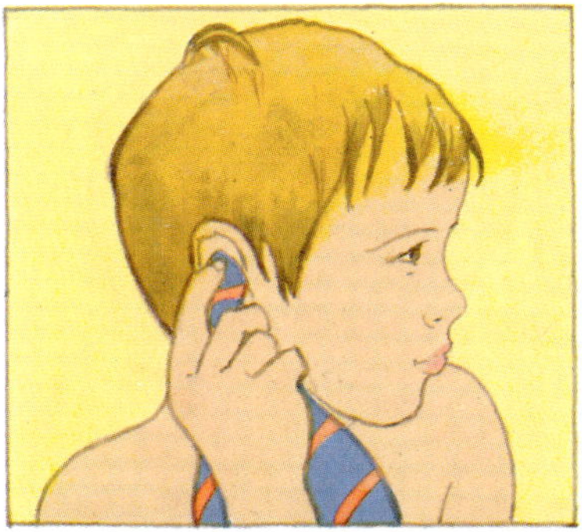

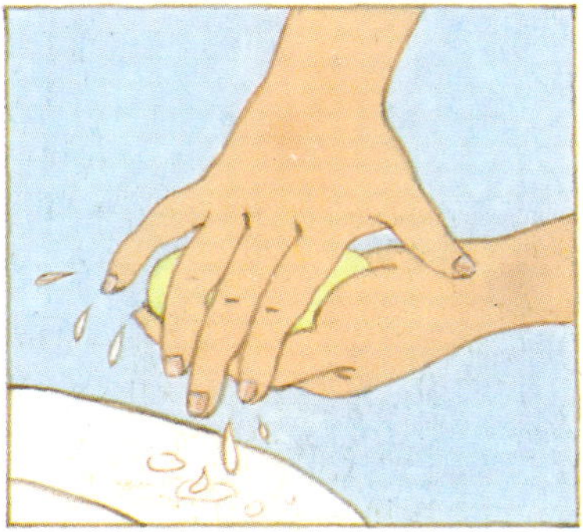

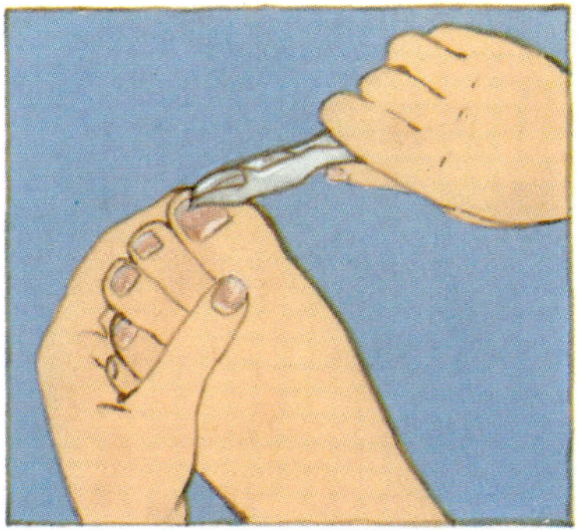

Faire sa toilette,
c'est aussi laver
ses cheveux,
nettoyer ses ongles,
ses oreilles
et ses dents.

☺ S'habiller, se préparer

Les habits permettent au corps de rester à la bonne température. Ils le protègent, comme une deuxième peau, des dangers extérieurs. La genouillère garantit le genou du sportif en cas de chutes.

Choisir une coupe de cheveux,
maquiller son visage,
ajouter une cravate, tout est permis

pour embellir
son corps,
afin de se plaire
et de plaire
aux autres.

Chacun s'habille
selon ses goûts.

☺ Aimer, être aimé

L’amour, l’amitié, la reconnaissance et le respect font vivre heureux.

Au contact
des autres,
le corps
s’épanouit.

Un câlin, un baiser, une caresse, un sourire, une main tendue changent la vie.

Sais-tu que...

« Attention ! Tourne sept fois la langue dans ta bouche avant de répondre ! » D'autres expressions comme celle-là utilisent des mots du corps. En voici quelques-unes !

« Avoir l'estomac dans les talons », c'est être affamé !

« Faire un pied de nez », c'est se moquer. Puis « s'en mordre les doigts », c'est le regretter...

« Pouce », le jeu s'arrête. On discute les règles.

« Avoir bon pied, bon œil », c'est être en pleine forme !

Cherchons de A à Z